The Biblical Storytelling • 사무엘하 1

정상으로 올라가는 사람

The Biblical Storytelling • 사무엘하 1

정상으로 올라가는 사람

2007년 9월 10일 초판 1쇄 인쇄
2007년 9월 20일 초판 1쇄 발행

저 자 • 조 관 호
발행인 • 조 경 혜
발행처 • 도서출판 그리심
156-763 서울시 동작구 사당5동 196 인정 B-B01

등록번호 • 제 7-258호(1998. 4. 23)
출 판 사 • 전화 523-7589 팩스 523-7590
홈페이지 • http://grisim.biz
전자우편 • grisimcho@hanmail.net

값 : 표지 뒷면에

ISBN 978-89-5799-183-1 93230

정상으로 올라가는 사람

사무엘하 1권 이야기는

다윗을 미워하고 괴롭힌 사울 왕의 죽음부터 시작합니다.
다윗에겐 큰 부담이 사라진 겁니다.
그러나 사울이라는 부담이 사라진 것일 뿐
그 자리에 또 다른 부담이 채워졌답니다.
인생은 그런 겁니다.

왕이 되는 것도 그렇습니다.
사울만 없어지면 그 자리가 자연스럽게 주어질 줄 알았는데
그렇지가 않았습니다.
과정이 필요했던 겁니다.
인생은 그런 겁니다.

그러나 다윗은 잘 견디었답니다.
정상의 자리에 오르기 위해 편법을 쓰지 않았습니다.
자연스럽게 올랐답니다.
사무엘하 1권은
정상으로 올라간 다윗을 그려보았습니다.

사무엘하 1

contents

비블리컬 스토리텔링에 대해 • 10

서문 • 14

첫 번째 이야기(삼하 1-4장)

새 왕국을 향하여

1. 새 왕국을 준비하는 역사(1:1-10) • 21
2. 다윗과 공동체의 슬픔(1:11-16) • 28
3. 활 노래(1:17-27) • 31
4. 유다 족속의 왕이 된 다윗(2:1-4상) • 38
5. 첫 번째 한 일(2:4하-7) • 43
6. 이스라엘 임시 정부(2:8-11) • 49
7. 지나친 장난?(2:12-32) • 52
8. 저무는 가문, 떠오르는 가문(3:1) • 64
9. 헤브론에서의 생활(3:2-5) • 67
10. 혼란스런 마하나임 정부(3:6-11) • 71
11. 배신하는 아브넬(3:12-16) • 79

사무엘하 1

contents

12. 이스라엘 백성을 설득하는 아브넬(3:17-21) • 89
13. 일을 망치는 사람(3:22-30) • 93
14. 오해를 회복시켜라!(3:31-39) • 106
15. 무너지는 마하나임 정부(4:1-12) • 113

2 두 번째 이야기(삼하 5-10장) •
정상에 선 사람

1. 다윗을 왕으로 모셔라!(5:1-5) • 127
2. 다윗 성(5:6-12) • 133
3. 예루살렘에서 난 자식들(5:13-16) • 144
4. 배신을 감지한 블레셋(5:17-25) • 146
5. 하나님께로 집중하다.(6:1-5) • 152
6. 진노와 경고 그리고 깨달음(6:6-11) • 165
7. 다시! 언약궤를 옮김(6:12-19) • 174
8. 다윗의 가정(6:20-23) • 185
9. 은혜의 언약(7:1-3) • 189
10. 나단에게 말씀하시는 하나님(7:4-17) • 193

11. 감사(7:18-29) • 205
12. 강해지는 이스라엘(8:1-14) • 210
13. 다윗의 정치와 정부 조직(8:15-18) • 221
14. 사울의 집안 사람을 찾아라!(9:1-8) • 224
15. 사랑은 흔적이 있습니다.(9:9-13) • 238
16. 걷어차인 자비(10:1-5) • 245
17. 제 발 저린 죄인들(10:6-8) • 252
18. 작전과 승리(10:9-14) • 255
19. 굴복된 북쪽 족속들(10:15-19) • 259

❖ 에필로그 1 • 263
❖ 에필로그 2 • 273

사무엘하 2권 정상에서 넘어지는 사람

3 세 번째 이야기(삼하11-12장) 넘어지는 사람

1.잘못(11:1-5)
2. 손바닥으로 태양을 가리는 처절함(11:6-13)
3. 우리아를 죽여라!(11:14-21
4. 거짓 안식(11:22-25)
5. 악의 선상(線上)에서(11:26-27)
6. 찾아온 친구(12:1-6)
7. 들통 난 범죄(犯罪)(12:7-15상)
8. 죄의 열매들(12:15하-23)
9. 용서받은 증거(12:24-25)
10. 죄 중에 얻은 승리(12:26-31)

4 네 번째 이야기(삼하13장-14장) 무너지는 가정

1. 죄(罪)와 벌(罰) 나쁜 마음 나쁜 친구(13:1-6)
2. 나쁜 행동(13:7-14)
3. 죄악이 가지고 온 결과(13:15-19)
4. 시작되는 갈등(13:20-22)
5. 복수(復讐)(13:23-33)
6. 압살롬의 가출(家出)(13:34-39)
7 요압의 다윗 마음 헤아림(14:1-20)
8. 태도를 바꾼 다윗(14:21-24)
9. 잘생긴 사람(14:25-27)
10. 다윗의 차가운 마음(14:28-33)

사무엘하 3권 정상으로 회복되는 사람(삼하 15-24장)

다섯 번째 이야기(삼하15장-19장)
가슴 아픈 일들

1. 반란 계획(15:1-6)
2. 쿠데타(15:7-12)
3. 피난 가는 임금님 다윗(15:13-37)
4. 기회주의자(16:1-4)
5. 원한에 맺혀 사는 자(16:5-14)
6. 예루살렘 궁궐의 새 주인(16:15-23)
7. 또 하나의 숨겨진 음모(17:1-4)
8. 하나님의 개입(17:5-14)
9. 일하는 사람들(17:15-20)
10. 승자와 패자(17:21-23)
11. 패륜(悖倫)(17:24-26)
12. 고마운 사람들(17:27-29)
13. 싸움을 준비하는 다윗의 진영(18:1-5)
14. 전투(18:6-18)
15. 기뻐할 수 없는 승리와 보고(報告)(18:19-33)
16. 이상한 눈물(19:1-8상)
17. 반역자들의 대책 회의(19:8하-10)
18. 회복을 위한 움직임(19:11-14)
19. 요단강에 나타난 사람들(19:15-39)
20. 새로운 불평(19:40-43)

6

여섯 번째 이야기(삼하20장-24장)
나머지 이야기들

1. 반역하는 이스라엘(20:1-3)
2. 정치적 게임(20:4-13)
3. 살해당한 세바(20:14-22)
4. 부담스러운 존재(20:23-26)
5. (부록 1) 기브온 사람들의 풀어진 한(恨)(21:1-14)
6. (부록 2) 다윗의 장수들의 행적(21:15-22)
7. 다윗의 시(22:1-51)
8. 다윗의 마지막 노래(23:1-7)
9. 다윗의 용사들(23:8-39)
10. 죄를 짓게 하시는 하나님?(24:1-9)
11. 드러난 본성, 그리고 벌(24:10-17)
12. 죄를 위한 희생 제사(24:18-25)

비블리컬 스토리텔링

(The Biblical Storytelling)에 대해...

비블리컬 스토리텔링(The Biblical Storytelling)이란 성경을 이야기 한다는 말입니다. 성경은 한 문구나 한 단어를 선택해서 의미를 전달할 수 있는 책이 아닙니다. 그 문구가 그리고 그 단어가 실리게 된 세미한 배경이 있는 겁니다. 만일 그 배경을 무시하고 성경의 한 구절을 설명한다면 어처구니없는 말 내지는 결과를 가져오게 됩니다. 좋은 교훈을 만들어 내는 것도 중요하지만 바르고 정확한 과정을 통한 결과를 얻어야 바른 교훈이 되는 거랍니다.

설교를 할 때나 성경을 공부할 때 혹은 큐티를 할 때 한 구절과 단어를 붙잡고 자기 나름대로의 해석 내지는 좋은 말을 만들면 너무 위험하다는 거지요.

성경은 쉬운 책이 아닙니다. 수천 년의 이야기가 기록되어 있고 그것도 짜임새 있어 알기 쉽게 정돈해 놓은 책도 아닙니다. 게다가 똑똑한 사람이 줄거리를 이해한다고 해서 되는 책이 아닙니다. 성경은 무척이나 어렵고 게다가 영적인 의미를 간파해야 하며 우리의 삶에 연결이 되어야 하기에 만만하게 볼 책이 아니라는 것입니다.

저자 자신도 모태로부터 신앙생활을 해 오면서 성경을 가까이 두고 생활해 왔지만 결국은 항상 반복되는 몇 인물 내지는 몇 사건만을 가지고 교회를 다닌 사람이었습니다. 그러다가 하나님의 은혜로 성경을 제대로 공부하고 연구해 보니 참 어려운 책임을 발견했습니다. 그러나 성경 연구는 어려운 성경을 이해했다는 것으로 끝나지 않습니다. 하나님의 은혜 가운데 하나님의 뜻을 발견하게 되고 하나님의 마음을 조금 알게 되었다는 것입니다.

비블리컬 스토리텔링(The Biblical Storytelling)은 제가 켄터키에 있는 남침례교신학교(The Southern Baptist Theological Seminary)에서 연구한 논문을 현장에서 적용한 것을 글로 옮긴 것입니다.

비블리컬 스토리텔링(The Biblical Storytelling)은 우선적으로, 상식적인 이야기이지만, 성경 본문에 대한 흐름을 연구해야 합니다. 두 번째는 본문의 상황, 역사적인 배경을 공부하는 것 또한 빼놓을 수 없습니다. 이러한 작업을 위해서는 주석가들의 절대적인 도움이 필요합니다. 세 번째는 교육학적인 접근 혹은 철학적인 배경을 연구해야 합니다. 그러나 이러한 연구만을 나열해 놓는 것이 목적은 아닙니다. 가장 중요한 것은 성경 속 인물들의 심리적 움직임에 대한 다방면의 접근을 시도하는 것이지요. 이 부분이 무척이나 매력이 있습니다. 정확한 신학적 테두리 안에서 본문의 인물이 갈등하고 느끼는 가능한 심리적 상상은 성경을 무척이나 흥미롭게 만들기 때문입니다. 게다가 성경을 읽는 독자로 하여금 자신이 그 주인공이 되는 경험을 하게 되는 것이지요. 또한 목회자나 독자로 하여금 성경에 대한 학문과의 관계를 무척이나 친숙하게 만들 것입니다. 특히 성경 주석의 필요성과 신학자들에 대한 고마움 내지는 친밀감을 가지게 될 것입니다. 게다가 혼탁하고 예측할 수 없는 사회 심장부에 대한 관심도 갖게 될 것입니다. 무엇보다도 나 자신은 물론 사람의 마음이 어떤지가 발견되면서 하나님 앞에 모두 고개를 숙이게 되는 경험을 하게 된답니다. 그러면서도 그런 나를, 사람을 미치도록 사랑하시는 하나님의 마음을 조금 알게 된답니다.

비블리컬 스토리텔링(The Biblical Storytelling)은 누구나가 할 수 있습니다. 그러나 성경이 하나님의 (살아있는) 말씀이라고 진심으로 인정하는 사람만이 할 수 있습니다. 그러나 '인정' 하는 것만으로는 안 됩니다. 시간을 투자해야 합니다. 적은 시간이 아닙니다. 필자는 20여년 가까이 거의 매일 4시간씩 이 일에 몰두해왔습니다. 지금도 그렇게 하고 있습니다. 그렇다고 끝이 있는 것도 아닙니다. 늘 새롭고 (주님이 말씀하신 것처럼 샘솟는 게 말씀입니다) 신비한 경험을 하곤 한답니다.

이 책은 필자가 섬기는 교회에서 하고 있는 비블리컬 스토리텔링 바이블 스터디(The Biblical Storytelling Bible Study)에서 진행되는 것을 글로 옮긴 것입니다.

서 문

낙하산 인사라는 말이 있습니다. 권력을 가진 자에 의해서 졸지에 괜찮은 자리에 임명되는 인사를 말합니다. 낙하산 인사는 실력이나 경력이 좋아서가 아니라 그 자리를 줄만한 권력을 가진 사람을 아느냐 하는 것이 중요합니다. 웃기는 세상입니다. 낙하산 인사가 많은 사회일수록 부패한 사회이며 발전이 없는 사회랍니다. 아니 발전이 있는 것 같지만 모래 위에 세워진 사회입니다. 낙하산 인사는 우주의 권력을 가지신 하나님도 하지 않으십니다.

하나님은 다윗을 왕으로 기름을 부으셨지만 바로 그에게 왕관을 씌우시지도 않았고 왕좌에 앉히지도 않으셨습니다. 왕궁에서만 오가게도 하지 않으셨습니다. 십수 년 호된 훈련을 통해 사람을 모으고 이끄는 지도력, 고독의 훈련, 군사적 훈련, 돈을 만지는 능력, 처세술 등등을 배우게 하셨지요.

모든 훈련이 끝난 다음에도 바로 통일 왕국의 왕좌에 앉히지 않으셨답니다. 우선은 유다 지파부터 통치하면서 경험을 쌓게 하셨답니다. 12지파를 다스린다는 게 쉬운 일이 아니거든요. 수많은 경험을 겪게 하신 후에 한 나라 왕의 자리에 앉게 하셨답니다.

왕의 자리가 공석임에도 불구하고 그 자리에 오르게 하지 않았습니다. 힘이 없어서 그런 것은 아니었습니다. 그 자리가 비어 있음에도 자연스럽게 그 자리에 가기까지의 시간이 필요했던 것입니다. 그 기간을 잘 참으면서 오랜 시간 동안 사람을 설득했습니다. 사람들을 만나 자신에 대한 오해를 풀고 상처받은 사람들을 찾아 은혜를 베풀었습니다. 그런 후에 드디어 사람들에 의해서 그 자리에 앉게 되었답니다.

다윗은 하나님에 의해 낙하산 인사로 왕의 자리에 앉은 것이 아닙니다. 그 자리에 앉을 만한 사람이라고 사람들에게 인정받아 추대된 왕이었답니다.

사람들에게 인정받아 정상의 자리에 올랐지만 하나님을 향한 마음이 약해지지 않았습니다. 하나님을 향한 그의 마음은 변함이 없었습니다. 아니 그 정상의 자리에서 왜 자리에 자신이 앉아야 하는지를 알고 있었던 것입니다. 자신을 왕으로 만든 하나님의 마음을 헤아리고 있었습니다.

그는 어린아이 같았습니다. 적어도 하나님 앞에서는 말입니다. 하나님에 대한 사랑 때문에 엉덩이를 보이면서까지 춤을 추었답니다. 자신이 눕고 일어나는 곳이 하나님의 언약궤 있는 곳보다 더 좋은 곳이라는 것으로 인해 마음속에 진한 아픔을 가지고 괴로워했던 사람입니다. 그 마음 때문에 성전을 지으려고 계획했습니다. 그런데 성전 건축하지 말라는 하나님의 뜻을 발견하고는 자신의 생각, 계획, 모든 것을 포기했답니다. 하나님께서 싫어하시면 안하는 게 옳은 것인 줄 아는 사람이었죠. 적어도 그는 하나님과의 관계에 있어서는 어린아이 같은 사람이었습니다.

그런데 정상에 잘 오르고 아름다운 정상에 있던 다윗, 그가 넘어졌답니다. 아주 비참하게 넘어진 것입니다. 정상에서 정상의 힘으로 자신의 잘못을 가리기 위해 손바닥으로 태양을 가리듯 몸부림을 쳐 보았지만 하나님을 속일 수가 없었답니다. 하나님이 그가 숨기려고 하는 죄악을 끄집어내신 겁니다. 개망신을 당한 겁니다. 그러나 개망신 당한 것이 하나님의 은혜인 것을 알았답니다. 그는 하나님 앞에서 버둥기지 않았답니다.

다윗은 정상에 선 사람입니다. 인생 과정을 보아도 정상에 선 사람다운 과정이 엿보입니다. 인품을 보더라도 정상의 자리에 앉을 만한 사람이라는 생각이 듭니다. 정상의 자리에 앉아 일하는 그의 모습을 보더라도 과연 그는 정상의 사람으로 손색이 없을 만큼 실력이 있었습니다. 하나님을 사랑하는 모습도 정상에 앉을 자격이 있게 여겨진답니다. 그런데 그가 정상에 있을 만한 사람이라고 감탄하는 것은 어떤 것보다도 그의 겸손 때문입니다. 넘어졌음에도 그가 정상에 있을 자격이 없다고 보여지지 않습니다. 왜냐하면 자기 죄악을 겸손히 인정하고 고백하고 통회하는 모습 때문입니다. 그런 모습 속에서 정상에 있을 만한 사람이라는 게 더욱 확실해지는 것입니다.

정상의 자리는 아무나 앉는 게 아닙니다. 정상의 자리에 주인이 될 만한 성품과 태도가 우선되어야 합니다. 정상에 있을 만한 실력도 갖추고 있어야 하고 또한 겸손함이 있어야 한답니다. 정상에 앉으면 안 되는 사람이 정상에 앉아 있다면 공동체는 무너집니다. 고통입니다. 멸망이랍니다.

사무엘하를 읽으면서 많은 생각이 들었습니다. 담임 목사를 하지 말아야 할 사람이 건방지게 담임 목회를 하고 있는 게 아닌가 하면서 말입니다. 제 이야기입니다. 성급한 성격, 다듬어지지 않은 생각과 품행, 갖추지 못한 실력, 정직하지 못한 모습, 용기도 없구요…다윗처럼 겸손하지도 않습니다. 담임 목사라는 자리가 정상이라고는 할 수 없지만 그래도 몇몇 사람이 바라보는 자리인데 제가 그 자리에 있을만한가 하는 괴로움으로 고통스러운 것입니다.

정상에 있던 다윗의 신발 끈이라도 만져 보고 싶습니다. 예수님의 신발 끈 만지고 싶다는 것은 엄두도 못 내구요...

캘리포니아 계곡 마을에서

조관호 목사

》 첫 번째 이야기 삼하 1-4장

새 왕국을 향하여

다윗은 블레셋과 이스라엘과의 전쟁에 출전하지 못해 풀이 죽어 3일 길을 걸어서 시글락 성읍으로 돌아왔습니다. 돌아와 보니 엎친 데 덮친 격으로 노략꾼들에 의해 성읍이 초토화 되어 있었습니다. 노략꾼들의 시글락 침략은 다윗에게 너무나 큰 충격이었습니다. 이스라엘 공략을 위해 출전한 블레셋 군과 함께 하지 못한 아쉬움도, 블레셋과 이스라엘 간의 전쟁 상황도, 아무것도 생각나지 않았습니다. 다윗과 육백 명의 용사들은 처자식을 찾기 위한 흥분으로 가득 차 있었기 때문입니다. 그런데 하나님의 은혜로 모든 것을 찾아 시글락으로 돌아와 들을 정신없이 치우고 있었습니다. 그리고 이틀이 지난 후였습니다. 시글락 성읍의 복구하는 일로 정신을 못 차리고 있을 때, 낯선 사람이 찢어진 옷을 입고 탈진한 모습으로 그곳에 나타났습니다. 유다 사람은 아닌듯한데 다윗을 찾았습니다. 사람들은 그를 다윗에게로 안내했습니다. 다윗이 그 사람에게 누구냐고 물었습니다. 자신은 블레셋과 이스라엘이 싸우고 있는 전쟁터에서 도망 나온 사람이라고 말했습니다. 그 동안 잊고

❶ 삼하 1:1-10

새 왕국을 준비하는 역사

다윗은 블레셋과 이스라엘과의 전쟁에 출전하지 못해 풀이 죽어 3일 길을 걸어서 시글락 성읍으로 돌아왔습니다. 돌아와 보니 엎친 데 덮친 격으로 노략꾼들에 의해 성읍이 초토화되어 있었습니다. 노략꾼들의 시글락 침략은 다윗에게 너무나 큰 충격이었습니다. 이스라엘 공략을 위해 출전한 블레셋 군과 함께 하지 못한 아쉬움도, 블레셋과 이스라엘 간의 전쟁 상황도, 아무것도 생각나지 않았습니다. 다윗과 육백 명의 용사들은 처자식을 찾기 위한 흥분으로 가득 차 있었기 때문입니다. 그런데 하나님의 은혜로 모든 것을 찾아 시글락으로 돌아와 무너진 집들과 타버린 것들을 정신없이 치우고 있었습니다. 그리고 이틀이 지난 후였습니다.

『사울의 죽은 후라 다윗이 아말렉 사람을 도륙하고 돌아와서 시글락에서 이틀을 유하더니』(:1)

시글락 성읍의 복구하는 일로 정신을 못 차리고 있을 때, 낯선 사람이 찢어진 옷을 입고 탈진한 모습으로 그곳에 나타났습니다. 유다 사람은 아닌듯한데 다윗을 찾았습니다. 사람들은 그를 다윗에게로 안내했습니다. 다윗이 그 사람에게 누구냐고 물었습니다. 자신은 블레셋과 이스라엘이 싸우고 있는 전쟁터에서 도망 나온 사람이라고 말했습니다. 그 동안 잊고 있었던 블레셋과 이스라엘과의 전쟁이 갑자기 생각이 났습니다.

『제 삼일에 한 사람이 사울의 진에서 나왔는데 그 옷은 찢어졌고 머리에는 흙이 있더라 저가 다윗에게 나아와 땅에 엎드려 절하매 다윗이 저에게 묻되 너는 어디서 왔느냐 대답하되 이스라엘 진에서 도망하여 왔나이다』(:2-3)

새까맣게 잊고 있었던 블레셋과 이스라엘의 전쟁, 다윗과 시글락 사람들의 관심꺼리가 되었습니다. 다윗이 급하게 다시 묻습니다.

『일이 어떻게 되었느뇨?』(:4)

다윗의 질문을 받은 이 사람은 흥분을 가라앉히지 못하고 주위에 둘러선 사람들을 돌아보면서 신나는 듯 대답했습니다.

『군사가 전쟁 중에서 도망하기도 하였고 무리 중에 엎드러져 죽은 자도 많았고 사울과 그 아들 요나단도 죽었나이다』(:4)

사울과 그의 아들 요나단이 죽었다는 것을 강조하는 말투였습니다. 그는 이스라엘의 왕과 왕세자의 죽음을 빅뉴스(big news)로 말하고 있었습니다. 그렇게 말하는 이유는, 다윗은 유다 사람이 아니고 사울 왕의 적이며 이스라엘과 싸우고 있는 블레셋 왕인 아기스의 충성스러운 신하로 알고 있었기 때문입니다. 그래서 이스라엘의 패망과 블레셋의 승리의 소식 전함을 자랑스럽게 여기는 것이었습니다.

다윗과 그의 사람들은 이 소식을 듣고 당황했습니다만 다윗은 침착하게 또 묻습니다. 사울 왕과 요나단의 죽음을 어떻게 알고 있느냐고... 그는 밝은 표정을 지으며 똑똑히 말합니다.

"블레셋이 이스라엘을 일방적으로 밀어붙이고 있을 때였습니다. 블레셋 군인들과 함께 저도 길보아 산에서 이스라엘의 왕을 찾고 있었습니다. 그런데 정말 운이 좋게도 사울 왕이 나에게 발견된 것은 기가 막힌 행운이었죠! 사울 왕은 칼에 엎드러진 채로 피를 흘리고 있었습니다. 분명히 죽은 줄로 알고 사울 왕의 시체를 가지고 블레셋 왕에게 가지고 가려고 가까이 가보니 죽지 않고 살아 있었는데 정말 끔찍했습니다. 아주 죽었으면 몰라도 살아서 숨을 헉헉거리며 어쩔 줄 몰라 하고 있는 모습이 얼마나 딱해 보였는지 모릅니다. 늙은이치고는 명(命)줄이 긴 놈이었습니다. 칼이 복부를 관통했는데도 그때까지 목숨이 붙어 있는 것이 대단하더군요. 어쨌거나 그 고통이 얼마나 끔찍하고 괴로워하는지 아주 대단했습니다. 적군의 왕이지만 측은하더라구요. 나는 죽은 줄 알고 면류관이나 진귀품을 벗겨 가져오려고 가까이 접근했다가 몸부림치며 고통하는 신음 소리에 그가 죽지 않은 것을 발견했죠. 그 순간 얼마나 섬뜩했는지요! 어찌할까 망설이고 있는데 저를 부르는 게 아니겠습니까? 그 놈이 칼에 찔려 있었는데도 저를 부르니깐 얼마나 끔찍하던지..."

말하는 사람은 실감나게 이야기를 하고 있었습니다. 그의 이야기는 계속 되었습니다.

"가까이 갔는데 그 놈이 나를 보았습니다. 그러더니 나보고 누구냐고 묻기에 나는 아말렉 사람이라고 대답해 주었습니다. 나도 겁이 났었지만 내가 자기가 싫어하는 아말렉 사람이라고 하니 기분이 나쁘고 겁이 났을 것입니다. 우리 아말렉 사람은 언제나 블레셋과는 우호적인 관계였으니 틀림없이 내 칼에 죽을 것이라고 예측을 했을 거 아닙니까?"

이 사람은 무척이나 신이 난 듯 다윗과 모든 사람에게 흥분을 감추지 못하고 이야기하고 있었습니다.

그는 계속 자신의 무용담을 이야기했습니다.

"사울이 나에게 말하기를 너무 괴로우니 제발 죽여 달라고 하더군요. 그래서 어차피 죽을 목숨이라 생각되기에 노인네고 해서 고통이나 빨리 멈추라는 의미로 제가 죽였습니다. 사실 이번 전쟁의 일등 공신은 사울 왕을 죽인 제가 아니겠습니까요?"

아말렉 사람은 신나서 말하고 있었습니다만 다윗은 어이가 없다는 듯 듣고 있었습니다.

"다윗 장군! 이것이 사울이 쓰고 있던 면류관과 팔고리입니다. 제가 그 놈을 죽였다는 걸 입증하기 위해 가지고 온 겁니다. 나중에 절 잊지 말아 주십시오. 다윗 장군을 죽이려 했던 사울을 제거한 이 놈 말입니다!"

아말렉 사람이 다윗에게 한 보고(報告), 다윗의 원수인 사울을 자신이 죽였다는 보고(報告)입니다. 다윗에게 칭찬을 듣겠다는 속셈인 것입니다. 블레셋 왕의 총애를 받는 다윗이 큰 인물이 될 때 자신의 공로를 참작해 달라는 보고였지요.

아말렉 사람의 계산은 단순했습니다. 사울 왕이 죽으면 이스라엘의 통치권은 블레셋의 손에 들어가게 될 것이고 블레셋의 왕은 이스라엘을 다스리도록 자신의 충신인 다윗에게 이스라엘 왕권을 줄 것이 분명했기 때문입니다. 그것을 알고 있던 아말렉 사람은 다윗에게로 발 빠른 걸음을 한 것이지요. 그가 면류관과 팔찌를 다윗에게로 가지고 온 것은 (이런 것은 왕권을 상징하는 것이므로) 다윗을 왕으로 인정한다고 고백하는 것이었습니다.

『내가 우연히 길보아 산에 올라 보니 사울이 자기 창을 의지하였고 병거와 기병은 저를 촉급히 따르는데 사울이 뒤로 돌이켜 나를 보고 부르시기로 내가 대답하되 내가 여기 있나이다 한즉 내게 이르되 너는 누구냐 하시기로 내가 대답하되 나는 아말렉 사람이니이다 한즉 또 내게 이르되 내 목숨이 아직 내게 완전히 있으므로 내가 고통에 들었나니 너는 내 곁에 서서 나를 죽이라 하시기로 저가 엎드러진 후에는 살 수 없는 줄을 내가 알고 그 곁에 서서 죽이고 그 머리에 있는 면류관과 팔에 있는 고리를 벗겨서 내 주께로 가져 왔나이다』(:6-10)

사울의 죽음, 블레셋 사람에 의해 죽은 것도 아니고
자살하려 했으나 그렇게 죽지도 못했고
결국 아말렉 사람에 의해 죽었답니다.
왕이 되었을 때 사무엘 선지자로부터 들은 하나님의 명령
아말렉 사람을 완전히 진멸하라고 한 것이었는데
왕도 남겨두고... 아마도 사람도 많이 남겨두었겠지요.
종으로 부려먹으려고.

주석(註釋)하는 고민이 있습니다.

과연 이 아말렉 사람의 보고, 즉 자신이 사울을 죽였다는 보고가 사실일까 하는 의문입니다. 왜냐하면 사울은 할례 없는 사람에게 죽고 싶지 않다고 해서 자결을 시도한 것인데, 아말렉 사람이라는 것을 알고도 자신을 죽여 달라고 했을까 하는 생각 때문입니다. 그리고 80세가 된 노인이 칼에 찔린 상태에서 말을 할 수 있는 기력이 있었을까 하는 생각입니다.

그러나 또 한 생각은 이 아말렉 사람의 보고가 사실일 수도 있다는 생각을 합니다. 만일 아말렉 사람의 보고가 사실이라면 사울은 아말렉 사람에게 죽은 것이 됩니다. 그 말은 하나님께서 사울 통치 초기에 완전히 진멸하라고 명령했던(삼상 15:1-35) 아말렉 사람을 남겨 둠으로 인해 얻은 비참한 결과라는 뜻입니다.

사무엘이 사울에게 회개할 기회를 주었는데도

끝까지 회개하지 않더니

하나님께 버림 받았지요.

결국, 자기가 살려 둔 아말렉 사람의 칼에 죽었답니다.

하나님이 제거하라고 한 것들,

제거해야 한답니다.

제거하지 않았다면 진심으로 회개하세요!

그렇지 않고 남겨 두면,

처리하지 않으면

그것,

우리가 남겨 둔 아말렉으로 인해 사울처럼 된답니다.

2 삼하 1:11–16

다윗과 공동체의 슬픔

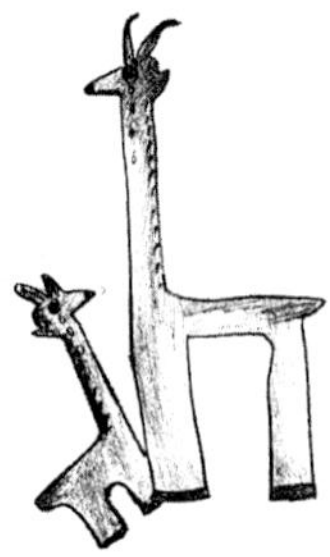

다윗과 공동체는 사울 왕과 요나단의 전사(戰死) 소식을 듣고 고통스러웠습니다. 다윗이 생각하기에도 사울 왕은 분명 나라를 다스릴 수 없는 사람입니다. 그러나 하나님 백성의 왕과 왕자가 그리고 하나님의 백성이 이방 사람의 손에 비참하게 죽었다는 것이 괴로운 거였습니다.

『이에 다윗이 자기 옷을 잡아 찢으매 함께 있는 모든 사람도 그리하고 사울과 그 아들 요나단과 여호와의 백성과 이스라엘 족속이 칼에 죽음을 인하여 저녁때까지 슬퍼하여 울며 금식하니라』(:11–12)

아말렉 사람이 시글락에 사울 왕과 요나단의 죽음이라는 좋은 뉴스(?)를 가지고 왔음에도 불구하고 그 소식을 들은 다윗과 공동체는 반가워하기는커녕 오히려 옷을 찢고 하루 종일 울면서 슬퍼하는 것을 보고 아말렉 사람은 어리둥절했습니다. 그러더니 저녁때쯤 다윗이 그를 불러 말을 붙였습니다.

"자네가 전쟁터의 소식을 가지고 왔지?"

"예! 제가 전쟁의 소식을 장군께 가지고 왔습니다. 장군의 영원한 적이고 원수인 사울 역시 제가 죽였습니다요."

신나게 대답했습니다.

"자네가 어디 사람이라고 했는고?"

"저요? 전 아말렉 사람입니다요. 사울이 왕 되었을 때 우리 민족을 모조리 잡아 죽이려고 했었죠. 그 놈이 다윗 장군과 이 시글락에 있는 모든 분들을 죽이려고 했던 것처럼 우리 아말렉 사람들을 죽이려고 한 것입니다. 그 놈은 살인광이었죠!"

"어디 사람이라고?" 다윗이 다시 한 번 물었습니다.

아말렉 사람은 신나게 이야기하는 데도 다윗의 목소리는 무거웠습니다. 이상하기는 했지만 그래도 좋은 소식이니 계속 자신 있게 말하고 있었습니다.

"아말렉이 제 고향입니다!"

『다윗이 그 고한 소년에게 묻되 너는 어디 사람이냐 대답하되 나는 아말렉 사람 곧 외국인의 아들이니이다』(:13)

"아말렉 사람이라... 아말렉 사람? 아말렉 놈이 하나님께 기름 부은 왕을 죽였다? 저주받을 놈 같으니라구! 감히 하나님께서 기름 부음 받은 왕을 죽여? 겁 대가리 없는 놈! 그리고 그걸 내 앞에 와서 자랑이라고 해?"

다윗이 이를 갈면서 큰소리를 쳤습니다. 아말렉 사람은 다윗의 말투에 뭔가가 심상치 않다는 생각을 했습니다. 그러나 그가 어떤 변명도 하기 전에 다윗의 말이 계속되었습니다.

"야, 저놈을 쳐 죽여! 당장 이 자리에서 때려 죽여! 하나님의 기름 부음 받은 왕을 지 맘대로 죽여? 그러고서 주둥아리 놀리는 거 봐라. 지가 잘 했단다!"

아말렉 소년은 황당했습니다. 그리고 뭔가를 말하려고 했지만 그가 말하기 전 이미 누군가가 칼을 가지고 그의 심장을 쳤습니다. 그는 그렇게 죽었답니다.

『다윗이 저에게 이르되 네가 어찌하여 손을 들어 여호와의 기름부음 받은 자 죽이기를 두려워하지 아니하였느냐 하고 소년 중 하나를 불러 이르되 가까이 가서 저를 죽이라 하매 그가 치매 곧 죽으니라(:14-15) 다윗이 저에게 이르기를 네 피가 네 머리로 돌아갈지어다. 네 입이 네게 대하여 증거하기를 내가 여호와의 기름부음받은 자를 죽였노라 함이니라 하였더라』(:14-16)

❸ 삼하 1:17–27
활 노래

아말렉 놈의 시체를 뒤로하고 다윗은 광야가 내려다보이는 곳에 가 앉았습니다. 늙은 사울 왕 생각이 났습니다. 왕궁에서 처음 뵈었을 때 그리도 자신을 예뻐해 주셨던 것이 기억났습니다. 궁에서 수금을 타면 사울 왕께서는 아프던 머리도 아프지 않다고 하셨던 말들이 생각났습니다. 어려서 임금께 얻어먹던 궁중의 맛있는 과자들은 그에게 받은 사랑이었음이 생각나는 것입니다. 골리앗과 싸우겠다고 겁 없이 말할 때 사울 왕이 입혀 주시던 군복도 생각났습니다. 골리앗은 장수이니 군복 입고 나가야 한다고 걱정하시던 목소리가 들려오는 것 같았습니다. 자신을 죽이려고 했던 생각도 났지만 본래 정신 분열증이 있어서 그런 것이지 일부러 그런 것이 아니라는 생각이 드는 겁니다. 자신을 죽이기 위해 군사들을 푼 것도 미워서 그런 것이 아니라 못된 놈들이 사울 왕을 부추겨 할 수 없이 자신을 쫓은 거라는 생각이 드는 거였습니다.

사울 왕의 모습이 아른거립니다. 처음 보았을 땐 젊고 패기가 있었던 분인데 지난번 보니 젊음과 패기는 어디론가 사라지고 나이많아 늙으신 힘없는 그런 분이셨습니다. 그 늙은 왕이 전쟁터에 나가셨다는 것이 미안하기도 했구요. 더군다나 이방 놈에게 죽지 않으려고 자결하려고 했다는 생각을 하니 다윗의 눈에서 눈물이 핑 돌았습니다.

요나단 생각도 났습니다. 고마운 왕자님이었는데... 어려울 때 위로해 주고 사랑을 베풀어 주신 왕자님이었습니다. 처음 만난 것이 블레셋의 골리앗을 죽인 때였던가요? 아무튼 왕자님과 만나 재미있는 시간들을 많이 보냈었지요. 요나단 왕자가 칼을 주기도 했구요, 귀한 허리띠도 주었고 군복도 주었던 기억이 살아났습니다. 너무나 고마운 왕자님이었는데 항상 신앙으로 격려를 해 주시던 분이었는데 돌아가셨답니다. 다윗의 눈에서 눈물이 줄줄줄 흐르고 있었습니다. 그러더니 혼잣말로 노래를 부르네요. 울음 섞여 노래하고 있었답니다.

『이스라엘아 너의 영광이 산 위에서 죽임을 당하였도다

오호라 두 용사가 엎드러졌도다

이 일을 가드에도 고하지 말며 아스글론 거리에도 전파하지 말지어다

블레셋 사람의 딸들이 즐거워할까,

할례 받지 못한 자의 딸들이 개가를 부를까 염려로다

길보아 산들아 너희 위에 우로가 내리지 아니하며

제물 낼 밭도 없을지어다

거기서 두 용사의 방패가 버린바 됨이라

곧 사울의 방패가 기름 부음을 받지 않음 같이 됨이로다

죽은 자의 피에서, 용사의 기름에서 요나단의 활이 물러가지 아니하였으며

사울의 칼이 헛되이 돌아오지 아니하였도다

사울과 요나단이 생전에 사랑스럽고 아름다운 자러니

죽을 때에도 서로 떠나지 아니하였도다

저희는 독수리보다 빠르고 사자보다 강하였도다

이스라엘 딸들아 사울을 슬퍼하여 울지어다

저가 붉은 옷으로 너희에게 화려하게 입혔고

금 노리개를 너희 옷에 채웠도다

오호라 두 용사가 전쟁 중에 엎드러졌도다

요나단이 너의 산 위에서 죽임을 당하였도다

내 형 요나단이여, 내가 그대를 애통함은 그대는 내게 심히 아름다움이라

그대가 나를 사랑함이 기이하여 여인의 사랑보다 승하였도다

오호라 두 용사가 엎드러졌으며 싸우는 병기가 망하였도다』(:19-27)

누군가가 죽었다는 것은 슬픔입니다.
고통입니다.
아픔입니다.
나와 관련이 된 사람이든지 아니면 전혀 모르는 사람이든지
죽음이라는 건 슬픔입니다.
그런데 오늘 우리는 죽음이라는 것에 대한 슬픔보다는
죽음에 대한 분석과 논평을 하기에 바쁠 뿐입니다.
사람이 죽었는데 논평만 하고 있을 뿐
전혀 슬픔을 느끼지 못하고 있음...
이미 우리는 바리새인이 되어 있다는 것이 아닐까요?
현실의 비극은
가장 고귀한 것을 가지고 말장난을 하고 있다는 것입니다.
생명을 가지고 말입니다.

다윗은 사울 왕 죽음의 소식을 듣고
논평하지 않았습니다.
다윗은 생명의 사라짐에 대하여 슬퍼할 뿐이었습니다.
그는 진정 생명을 가장 존귀한 것으로 대하고 있는 것입니다.

슬플 때
슬픔을 보이지 않는 것은 신앙의 깊이를 보여주는 것이 아니라
위선(僞善)하고 있는 겁니다.
그리스도인은 슬픔을 슬퍼할 줄 아는 사람입니다.
사랑하는 사람이 죽었다는 소리를 듣고

하늘나라에 가서 다시 만날 것이라고 하면서
기뻐해야 할 것이 아니라
이 땅에서의 헤어짐을 슬퍼해야 하는 거랍니다.
슬픔을 슬퍼할 줄 아는 사람이 행복한 사람입니다.

다윗은 사울의 생명이나 요나단의 생명이나
똑같이 귀한 것으로 노래합니다.
다윗에게 사울은 싫은 사람(?)입니다.
사울에 의해서 얼마나 추격을 당했나요.
정말 끔찍합니다.
사울의 다윗을 향한 증오는
다윗의 인생을 바닥 인생으로 만들었었습니다.
그러나 다윗은 자신의 마음의 초점을
사울의 증오에 두지 않았습니다.
그는 하나님이 사울에게 하신 일에 초점을 두었습니다.
하나님이 사울에게 기름을 부으셨다는 것 때문입니다.

만일 다윗의 초점이 자신을 향한 사울의 증오에 두었다면
다윗의 인생은 어떻게 되었을까요?
그의 인생은 파멸이었을 겁니다.
마찬가지입니다.
우리도 우리를 증오하고 괴롭게 하는 사람에게
초점을 두고 산다면
우리의 인생은 그 증오로부터 헤어 나오기 위해

구질구질해 질 것이고
우리는 우리를 향한 증오를 해결하기 위해 생긴
또 다른 증오 때문에 파멸하게 될 거랍니다.
누가 어떻게 일을 꾸미든지 간에
사람에게 초점을 맞추면 괴로워집니다.
하나님께서 하신 일에 초점을 맞추어야 합니다.
그러면 혹 육신에 고통이 있을지는 모르지만
우리의 영혼과 마음에는 새벽이슬과 같은 평안이 깃든답니다.

하나님께서 기름 부은 사람이 죽은 것입니다.
자신을 괴롭힌 사람이 죽은 것이 아니랍니다.
그러기에 슬픔과 아픔이 있는 것입니다.
다윗의 사울을 향한 비탄의 노래는
그런 의미에서 진정한 아픔이요 슬픔이랍니다.

다윗은 요나단이 자신을 얼마나 사랑했는지를 알고 있었습니다.
『그대가 나를 사랑함이 기이하여...』(:26중)
주님의 우리를 향하신 사랑이 생각납니다.
우리가 주님을 사랑한다는 말은 믿을 수 없는 말이지만
주님이 우리를 사랑한다는 것은
우리가 알고 있는 진리입니다.

요한 사도는 이 진리를 이렇게 말했습니다.
『사랑은 여기 있으니 우리가 하나님을 사랑한 것이 아니요

오직 하나님이 우리를 사랑하사 우리 죄를 위하여

화목제로 그 아들을 보내셨음이니라』(요일 4:10)

그리고 바울은 이 예수님의 사랑을 끊을 수 없는 것이라고

말하면서 이렇게 썼습니다.

『내가 확신하노니 사망이나 생명이나 천사들이나 권세자들이나

현재 일이나 장래 일이나 능력이나 높음이나 깊음이나

다른 아무 피조물이라도

우리를 우리 주 그리스도 예수 안에 있는 하나님의 사랑에서

끊을 수 없으리라』(롬 8:38-39)

❹ 삼하 2:1–4상

유다 족속의 왕이 된 다윗

이스라엘에는 사울 왕의 죽음으로 인해 정부를 이끌고 갈 사람이 없었습니다. 왕자들까지도 모두 죽임을 당했기 때문입니다. 전쟁 패배와 더불어 중앙 정부는 블레셋 장군들에게 함락 당했고, 정치권력은 블레셋에 의하여 통치를 받는 식민지 상황으로 들어갔습니다. 블레셋의 속국(屬國), 노예가 되어 비참해진 것입니다.

블레셋 아기스 왕의 다윗에 대한 신뢰는 계속되고 있었습니다. 아기스 왕으로 하여금 다윗에게 자유로운 선택을 하게 했습니다. 계속해서 시글락 땅에 살든지 아니면 이스라엘 본토로 들어가서 살든지 마음대로 하라는 거였습니다. 사울 왕이 죽었기에 이스라엘로 들어간다 하더라도 자유로울 수 있다는 생각 때문이었습니다. 물론 다윗은 영원히 자신의 사람이라는 믿음을 전제로 한 것이었죠.

그랬습니다. 자유롭게 된 다윗은 시글락 땅에 계속 있어야 할 이유가 없었습니다. 자신을 찾던 사울 왕이 죽었기 때문입니다. 그리고 이스라엘과 유다 어느 곳에도 갈 수 있기 때문입니다.

그런데 여기서 다윗의 실력(?)이 나오기 시작했습니다. 광야 학교에서 배우고 습득한 거였습니다. 기도입니다. 작은 일도 하나님께 기도하고 하는 것입니다. 그는 구체적으로 자신의 방향을 하나님의 인도하심에 의존하고 있는 것입니다.

『그 후에 다윗이 여호와께 물어 가로되 내가 유다 한 성으로 올라가리이까 여호와께서 가라사대 올라가라 다윗이 가로되 어디로 가리이까 가라사대 헤브론으로 갈지니라』(:1)

광야 학교...
다윗의 행동 모든 것에 있어서
반사적으로 하나님 의식하고
하나님 결재 받는 사람으로 만들었는가 봅니다.
전에는 그러지 않았는데
호된 훈련이

그를 그런 사람으로 만들었답니다.

지금의 고난...

그것으로 인해 하나님을 찾고 있다면 그것이 복이랍니다.

훗날 형통하고 자유스러울 때도

무의식 중에라도 하나님을 찾는

멋진 신앙인 되어 있을 것이니까요!

전에 유다 사람들은 다윗을 무시(無視)했었습니다. 특히 그일라 사람들은 다윗의 은혜를 받았습니다만, 사울 왕이 다윗을 잡으러 올 때 나 몰라라 했던 사람들이었답니다. 십 사람들은 적극적으로 다윗을 사울 왕에게 넘겨주기 위해 몸부림을 쳤던 사람들이었답니다. 위험한 곳이고 부담스럽고 껄끄러운 곳입니다. 그러나 그곳으로 갈 것을 결심했습니다. 함께 한 사람들의 부담스러워 함에도 불구하고 짐을 챙겼습니다. 가족들로 하여금 이동을 준비하도록 했습니다.

『다윗이 그 두 아내 이스르엘 여인 아히노암과 갈멜 사람 나발의 아내 되었던 아비가일을 데리고 그리로 올라갈 때에 또 자기와 함께 한 종자들과 그들의 권속들을 다 데리고 올라가서 헤브론 각 성에 거하게 하니라』(:2-3)

가장 안전한 곳

하나님이 가라고 하는 곳이 가장 안전한 곳이랍니다.

그걸 붙들고 가는 것이 믿음이랍니다.

다윗이 광야 학교를 통해 배운 것입니다.

하나님이 하라는 대로 하면 틀림없다는 것을.

과거 경험도 중요하지만 하나님의 말씀이 더 안전하답니다.

깊은 지식도 중요하지만 하나님의 말씀이 더 효과적이랍니다.

그걸 배운 곳이 광야 학교랍니다.

기도하고 하나님의 말씀을 받는 것,

그것이 얼마나 중요한 건지...

우린 그렇게 되어야 한답니다.

말씀 따라 유다로 들어갔더니 기대하지 못했던 일이 일어났습니다. 유다 사람들이 몰려오더니 다윗에게 왕이 되어 달라는 거예요! 전에 다윗

블레셋의 아기스 왕과 다윗의 관계

아마도 블레셋 왕은 다윗이 유다에서의 왕 됨을 기뻐했을 거라는 생각이 듭니다. 다윗 역시 유다 사람들이 자신을 왕으로 삼겠다는 말을 아기스 왕에게 보고했을 것이구요.

물론 유다 사람이 다윗을 왕으로 삼았다는 말은 자신들의 지파에만 해당하는 왕이었겠죠. 그래서 아기스 왕도 다윗에게 유다 지방에서만의 왕과 같은 권한을 인정한 것이었을 것입니다. 반면 나머지 지역에는 블레셋에서 파견한 총독들이 관리를 했을 것입니다. 다윗은 블레셋과의 관계를 계속 유지하고 있었다고 보는 것이 자연스럽습니다.

을 사울 왕에게 고발했던 사람들이 이제는 자신들의 왕으로 삼겠다는 겁니다.

『유다 사람들이 와서 거기서 다윗에게 기름을 부어 유다 족속의 왕을 삼았더라』(:2상)

기도하고 움직였더니
위험한 곳, 부담되는 곳인 줄 알았던 곳이 축복의 장소였답니다.
그렇기에 하나님께 묻는 것,
그리고 하나님의 말씀 따라 행동할 때
우리가 알지 못하고 예측할 수 없는 축복이 기다리고 있답니다.
나의 추측 신뢰하지 말자구요
역사를 움직이시고 사람을 움직이시는 하나님을 신뢰하자구요.
그것이 가장 안전하고 가장 형통케 되는 지름길이랍니다.

❺ 삼하 2:4하-7

첫 번째 한 일

다윗의 위세가 당당해졌습니다. 육백 명의 당당한 용사들이 있었고 재산이 상당했으며, 비록 전국적인 왕은 아닐지라도 유다 족속이 인정하는 명실상부(名實相符)한 군주였습니다. 어떤 면에서는 왕이 없는 이스라엘 상황에서는 모든 지파가 은근히 사울의 뒤를 이어 다윗이 왕이 되었으면 하는 사람도 많았을 것입니다. 반면에 그것은 친(親)블레셋으로 인한 배신하는 것이기 때문에 다윗을 미워하는 사람도 있었구요.

유다 땅에서 자리를 잡은 다윗은 전쟁에서 전사한 사울 왕의 시체에 대해 궁금했습니다. 그래도 한 시대 이스라엘을 다스린 왕이었는데 아말렉 사람에게 죽임을 당한 후 그 시체가 어떻게 되었을까 하는 궁금함이었습니다. 그래서 신하를 시켜 사울 왕의 시체에 대한 정보를 알아오게 했답니다. 물론 전쟁터에서 쓰러졌으니 들짐승들에게 뜯겼을 가능성이 많다는 생각은 들었지만 혹 짐승에게 뜯기기 전 누군가가 사울 왕의 시체를 발견하고 묻어 주었을지 모른다는 생각 때문이었습니다.

그런데 조사를 나갔던 신하에게서 의외로 사울 왕의 시체가 아주 잘 장사되었다는 보고를 받았습니다. 소식을 들은 다윗은 무척이나 반가웠습니다. 그래서 상세히 보고하도록 했답니다. 사울의 시체는 블레셋 사람들에 의해 목이 잘려서 머리 부분은 블레셋 땅으로 들어갔고 몸뚱이는 벧산 성벽에 박혔었답니다. 그런데 길르앗 야베스 사람들이 벧산 성벽에 못 박힌 사울의 시체를 한밤중에 뜯어내어 그 시체를 화장(火葬)을 하였답니다. 그리고 뼈는 추려서 야베스 나무 아래 잘 묻었다는 보고였습니다. 게다가 이 일을 한 길르앗 야베스 사람들이 왕의 죽음을 오랫동안 애도했다는 겁니다.

『유다 사람들이 와서 거기서 다윗에게 기름을 부어 유다 족속의 왕을 삼았더라 혹이 다윗에게 고하여 가로되 사울을 장사한 사람은 길르앗 야베스 사람들이니이다』(:4)

보고를 들은 다윗은 마음이 뭉클했습니다. 길르앗 야베스 사람들의 따뜻한 마음과 용기에 말입니다. 보통 사람이라면 자신의 원수를 장례 해 준 사람들을 괘씸하다 하여 벌을 주었겠지만 다윗의 마음은 진심으로 그들이 고마웠습니다.

다윗이 사람들을 길르앗 야베스로 보냈습니다. 길르앗 야베스 사람들은 다윗의 군사들이 온다는 소식에 걱정이 많았습니다. 지금까지 들은 소문은 다윗이 사울 왕을 죽이고 자기가 왕이 되려고 한다는 것입니다. 그러니 사울 왕은 죽었고 그 시체를 정성스럽게 처리한 것 때문에 다윗이 자기들에게 보복할 것이라는 생각 때문이었죠. 세상이 바뀌니 많은 것이 달라지겠구나 하는 생각으로 착잡했답니다.

다윗의 사람들이 온다는 소식을 들은 지 얼마 되지 않아 실제로 그러한 일이 벌어지고 있었습니다. 길르앗 야베스 사람들은 초조했습니다만 역사를 돌이킬 수 없다는 마음으로 그들이 오는 것을 기다렸습니다. 그런데 저들이 생각하고 염려했던 것과는 달랐습니다. 잡으러 온 사람들이 아니라 상 주러 왔다는 겁니다. 유다에서 온 사람들이 상세히 말했습니다. 사울 왕을 정성스럽게 모신 것에 대해서 다윗 장군께서 무척이나 고마워하신다고... 그래서 그 고마움을 이 많은 선물로 보답한다고. 선물을 주면서 말했답니다.

길르앗 야베스 사람들... 다윗이 보낸 사람들의 말이 거짓이 아니고 진심인 것을 알자 안심했답니다. 아니 다윗이 너무 고마웠습니다. 다윗이 보통 사람이 아님을 느끼기 시작했답니다.

『다윗이 길르앗 야베스 사람들에게 사자들을 보내어 가로되 너희가 너희 주 사울에게 이처럼 은혜를 베풀어 장사하였으니 여호와께 복을 받을지어다 너희가 이 일을 하였으니 이제 여호와께서 은혜와 진리로 너희에게 베푸시기를 원하고 나도 이 선한 일을 너희에게 갚으리니 이제 너희는 손을 강하게 하고 담대히 할지어다 너희 주 사울이 죽었고 또 유다 족속이 내게 기름을 부어 저희의 왕을 삼았음이니라』(:5-7)

길르앗 야베스 사람들은 사울을 가장 좋아했던 사람들입니다. 사울에게 큰 은혜를 입었던 사람들이기 때문입니다. 다른 모든 사람이 사울을 싫어하고 사울을 향해서 정신병자라고 했어도 사울을 존경하고 사랑했던 사람들입니다. 아무리 사람들이 다윗이 옳고 사울이 틀렸다고 해도 듣지 않던 사람들이 길르앗 야베스 사람들이었습니다. 그런데 다윗을 경험한 겁니다. 사울에 대한 다윗의 진심을 이제야 발견한 겁니다. 그래서 사울을 가장 존경하던 반면에 다윗을 가장 미워하던 야베스 사람들이 이제는 가장 먼저 다윗을 인정하고 다윗의 사람이 되었답니다.

다윗에 대한 소문이 좋을 리가 없었습니다.
사람들에게 퍼뜨려진 다윗에 대한 소문은
나쁜 소문뿐이었기 때문입니다.
계획적으로 다윗을 나쁜 놈으로 소문을 낸 것이

사울의 정책이었겠죠.
아무것도 모르는 사람들은
오죽했으면 사울이 다윗을 저토록 쫓아 다녀야 했겠느냐 하면서
사울을 동정하기도 했을 겁니다.
그런데 일방적으로 나쁜 놈으로 알려져 있는 다윗이
소문과는 달리
사울 왕을 장례한 길르앗 야베스 사람들에게
친절을 베풀었다는 소문이 나기 시작했습니다.
그러면서 다윗에 대한 느낌이 달라지기 시작한 것이죠.

사울... 다윗을 얼마나 나쁜 놈으로 소문을 냈을까요?
아는 사람은 알지만
아무 것도 모르는 사람은 진짜 다윗이 나쁜 놈인 줄만 믿었답니다.

우리 주변에도 그런 일이 많이 있습니다.
힘 있는 사람이 퍼뜨리는 일방적인 소문 말입니다.
힘없는 사람은 변명할 수도 없고 변명한다 하더라도
사람들은 힘 있는 사람의 말을 믿을 뿐이고
또 힘 있는 사람의 말이
틀린 것을 안다 할지라도 질서(?)를 위해
힘없는 사람을 죄인으로 만들어 버리는 경우가 많습니다.
힘없는 사람은 억울합니다.
그럼에도 불구하고 힘없는 사람은 다윗처럼 행동해야 합니다.
힘 있는 사람의 횡포에 대한 억울함을

하나님께서 처리해 주실 때까지 기다려야 하는 겁니다.

그러면 하나님이 갚아 주실 것이고

조금 더 기다리면

누가 옳고 그른지를 드러나게 하실 것입니다.

진실한 마음으로 살고 있는 다윗…

길르앗 야베스 사람들에게서부터

누명(?)이 벗겨지기 시작했답니다.

❻ 삼하 2:8-11

이스라엘 임시정부

유다 땅 헤브론에 (블레셋의 도움으로) 다윗은 정부를 세우고 군주 노릇을 하고 있었습니다. 블레셋의 아기스는 이스라엘 지배를 믿음직한 다윗에게 일임한 것이지요. 이스라엘 사람들은 이것에 대하여 분개하고 있었지만 워낙 블레셋의 강경한 간섭과 다윗의 군사력이 무서워 어찌하지를 못했습니다. 그렇다고 사울의 정부가 꿈틀거려 보지도 못하고 무너질 수는 없었습니다. 사울의 죽음이 온 세상에 알려지자 사울의 가장 측근이었던 아브넬이 사울의 아들 이스보셋을 데리고 요단강을 건너 마하나임이라는 곳으로 피난을 간 것입니다. 거기에서 피난 온 길르앗 사람, 아술 사람, 이스르엘 사람, 에브라임 사람, 베냐민 사람이 모여서 주권 회복을 위한 이스라엘 임시정부를 구성했습니다. 여러 뜻있는 사람들이 모여서 나라를 회복하려고 애를 쓰는 것이었습니다만 쉽지는 않았습니다.

아브넬은 조직된 임시 정부 가운데서도 막강한 힘을 가지고 있었습니다. 사람들은 사울의 아들 이스보셋이 함께 있기에 어쨌든 간에 그를 왕으로 삼자고 했습니다. 그러나 아브넬은 이스보셋을 왕으로 하자는 사람들의 의견에 그래야 한다고 시큰둥하게 대답을 하면서도 지금은 위험하다고 혹은 때가 아니다라고 할 뿐 이스보셋을 왕으로 세우는 것을 미루곤 했답니다. 그렇게 미룬 것이 5년이나 되었답니다. 반면에 남쪽 유다 지파 땅에서는 다윗과 더불어 평화를 누리고 있었답니다.

임시 정부를 구성한지 5년 만에 아브넬은 더 이상 핑계 댈 말이 없었는지 이스보셋을 마하나임 임시 정부의 대표자로 왕으로 삼았답니다. 아브넬은 무척이나 기분이 나빴습니다. 이스보셋이 왕이 되긴 했지만 아브넬과의 관계는 껄끄러웠답니다. 이스보셋은 언제나 아브넬의 눈치를 봐야 했고 아브넬이 두려웠답니다. 마음에도 없는 이스보셋을 왕으로 삼은 아브넬 역시 이스보셋의 목을 조이면서 자신이 얼마 동안은 군대장관으로 왕을 보필해야 한다고 주장하는 겁니다. 이스보셋은 아무런 대꾸도 하지 못했답니다.

『사울의 군장 넬의 아들 아브넬이 이미 사울의 아들 이스보셋을 데리고 마하나임으로 건너가서 길르앗과 아술과 이스르엘과 에브라임과 베냐민과 온 이스라엘의 왕을 삼았더라 사울의 아들 이스보셋이 비로소 이스라엘 왕이 될 때에 나이 사십 세며 두 해 동안 위에 있으니라 』(:8-10)

다윗도 사울의 사람들이 정권을 되찾기 위해 마하나임에다가 임시 정부를 세웠다는 소식을 들었습니다만 다윗은 그들에 대해 별 관심을 가지지 않았습니다. 다윗에게는 마하나임 임시 정부가 적(敵)이 아니기 때문이었습니다. 이스보셋과 아브넬은 유다에서 왕이 된 다윗을 블레셋의 하수인으로 보고 있을지 모르지만 다윗은 그들을 적으로 보는 그런 마음이 아니었습니다.

다윗은 유다 땅 헤브론에서 7년 6개월 동안 왕 노릇하며 블레셋과의 관계를 유지하면서 지냈답니다. 그럼에도 불구하고 동족 이스라엘을 괴롭게 하지 않았습니다. 편하게 지냈을 뿐입니다. 그의 조용함은 아무 것도 하지 않았다는 것이 아닙니다. 하나님의 말씀과 지시하심을 기다리며 광야학교에서 배운대로 살고 있었습니다. 그는 자신이 얼마든지 이용할 수 있는 블레셋의 힘을 빌려서, 그리고

자신과 함께 하는 용사들을 집결해서 이스라엘을 억압하고 전체를 다스리는 왕이 될 수도 있었습니다. 그러나 그렇게 하지 않았답니다. 그는 왕이 되는 것보다도 하나님의 뜻을 따르고 기다리는 것이 얼마나 중요한지를 알고 있었던 것입니다.

『다윗이 헤브론에서 유다 족속의 왕이 된 날 수는 일곱 해 여섯 달이더라』(:11)

7 삼하 2:12-32

지나친 장난?

마하나임 땅에 잃어버린 이스라엘의 주권을 회복하기 위해 정부를 세웠습니다. 사울의 아들 이스보셋을 왕으로 하고 아브넬은 군대 장관이었지만 실권(實權)은 아브넬 자신이 가지고 있었습니다. 이스보셋은 왕이지만 불쌍한 꼭두각시에 불과했습니다. 실권을 가진 아브넬은 블레셋으로부터 주권을 되찾고 사울 당시의 도성(都城)인 기브온을 되찾기 위해 나라를 회복하려는 노력은 대단했습니다. 그래서 아브넬은 자신의 신복들과 함께 용사들을 데리고 정치 중심가였던 도성(都城) 기브온에 내려가곤 했답니다. 저들이 자유롭게 기브온에 갈 수 있었던 것은 블레셋이 다윗에게 이스라엘 통치를 맡겼기 때문이었고, 다윗은 이스라엘에 대하여 무척 관대함을 보여주고 있었기 때문이었죠.

다윗 사람들은 아브넬과 그의 사람들을 미워하거나 활동하는 것을 통제 하지 않았습니다. 이스라엘 사람들의 눈에는 다윗과 그의 종자들이 블레셋의 하수인인 것처럼 보였지만 실상 저들의 목적은 블레셋의 영향을 몰아내는 것이었지 이스라엘을 몰아내는 것이 아니었기 때문입니다. 그럼에도 불구하고 이러한 마음을 모르는 아브넬과 그의 신복들은 다윗이 블레셋과 합세하여 정권을 쟁취하려는 매국노(賣國奴)요 사울 집안을 패망시킨 원수로만 생각하고 있었던 겁니다.

가끔 군사들을 이끌고 요단을 건너 기브온에 온 아브넬은 다윗의 장군인 요압과 그의 군사들을 길거리에서 가끔씩 만나곤 했지만 서로 부딪히거나 싸움이 나지는 않았습니다. 가볍게 인사말을 나누며 이야기도 하곤 했습니다. 이날도 기브온에서 양쪽 사람들이 우연히도 연못을 가운데 두고 만나게 되었습니다. 아마도 순찰 중에 쉬기 위해서 앉았다는 생각이 듭니다. 아브넬의 사람들과 요압의 사람들은 서로 신경전을 벌이지 않기 위해서인지 연못을 가운데 두고 반대쪽에 자리를 잡았습니다.

시큰둥하게 앉아 있던 양쪽의 사람들은 서로를 비난하고 있었겠죠. 그런데 갑자기 이스라엘의 군대장관인 아브넬이 일어서더니 건너편에 있는 다윗의 장수 요압을 향해 큰 소리를 지르며 말을 걸었습니다.

"요압! 애들끼리 싸움 한번 시켜 보면 어떻겠냐? 우리가 12명을 내보낼 테니 너도 12명의 애들을 내보내라. 어느 애들이 센가 한번 겨루어 보자구. 심심풀이로 장난이나 해 보는게 어때?"

괜찮은 제안이었습니다. 심심하던 차에 병사들의 씨름으로 시간을 보내보자는 단순한 생각이었습니다. 아브넬이 12명을 내 보내면서 말했습니다.

"애들아, 본 때를 보여줘라. 블레셋에 붙어사는 놈들을 짓밟아라!"

요압도 병사들을 내 보내면서 말했습니다.

"적당히 주물러 줘라!"

『스루야의 아들 요압과 다윗의 신복들도 나와서 기브온 못가에서 저희를 만나 앉으니 이는 못 이편이요 저는 못 저편이라 아브넬이 요압에게 이르되 청컨대 소년들로 일어나서 우리 앞에서 장난하게 하자 요압이 가로되 일어나게 하자 하매 저희가 일어나 그 수효대로 나아가니 베냐민과 사울의 아들 이스보셋의 편에 열둘이요 다윗의 신복 중에 열둘이라』(:13-15)

지루하던 순찰 중에 뜻밖에 무료함을 달랠 수 있는 신나는 일을 만난 겁니다. 양쪽에서 12명씩 24명의 장수들이 근육을 자랑하며 서로의 힘을 쏟기 시작했습니다. 만만한 상대들이 아니었습니다. 서로가 이미 잘 훈련된 용장(勇壯)들이었습니다. 치고 걸고 당기고 넘어지고... 시간이 지나도 만만하게 진행되지 않았습니다. 땀이 비 오듯 쏟아지지만 모두들 자존심의 싸움이었기에 물러설 수도 포기할 수도 없었습니다. 싸움은 꽤 시간이 지나갔고 장수들은 지쳤습니다. 그러나 멈출 수는 없었습니다. 누군가가 멈추게 해야 하는데... 싸우고 있는 사람들은 악(惡)에 받치기 시작했습니다. 이젠 장난이 아니었습니다. 오랜 싸움으로 인해 몸에서 피도 흘렀습니다. 피와 땀이 범벅이 되었지만 자존심 때문에 아브넬도 요압도 이 싸움을 그치게 하지 못했습니다. 자신의 용사가 조금만 힘을 쓰면 상대방을 짓밟을 수 있다는 어리석은 기대 때문이었습니다.

그런데 싸움이 거칠어지자 누군가가 칼을 높이 쳐들더니 상대방의 머리채를 잡고 옆구리를 찌릅니다. 주먹으로 맞아서 흐르는 피가 아닙니다. 칼에 찔린 옆구리에서는 샘물처럼 붉은 피가 치솟았습니다. 피를 본 사람들은 눈이 뒤집혔습니다. 죽음을 각오한 살벌한 눈빛이었습니다. 칼에 맞아 쓰러진 진영의 사람들 중에 누군가가 칼을 집어 던져 주었습니다. 이젠 칼부림이 시작된 겁니다. 장난으로 시작한 씨름이 말릴 수 없는 칼부림의 싸움이 된 겁니다. 24명의 칼부림이 이제는 구경을 하던 양쪽 군사들을 흥분시켰습니다. 군사들은 모두 일어났습니다. 그리고 허리춤에 찼던 칼을 뽑아들었습니다. 일어선 군사들은 서로가 눈치만 보고 있는데 가운데서 싸우던 아브넬의 장수 12명이 칼에 맞아 하나씩 쓰러졌습니다. 이것을 보던 이스라엘 군사들이 떼로 달려들었습니다. 요압 측의 장수들도 보고만 있을 수가 없었습니다. 달려드는 아브넬의 군사들을 보자마자 벌 떼처럼 일어나서 마주 달려들었습니다. 그야말로 아수라장입니다. 작은 전쟁이었으나 아주 치열한 전쟁이었답니다.

『각기 적수의 머리를 잡고 칼로 적수의 옆구리를 찌르매 일제히 쓰러진지라... 그날에 싸움이 심히 맹렬하더니』(:16-17)

아브넬이 자신의 군사들이 쓰러지는 것을 보고 있는 동안 열에 받쳐 있는 다윗 사람들은 내친김에 아브넬까지 제거하기 위해 달려들었습니다. 그러나 아브넬은 달려든 몇 명의 다윗 군사들을 쓰러뜨렸습니다. 아브넬은 용장(勇壯)이었습니다. 웬만한 군사는 아브넬과 견줄 수 없었습니다. 유다 군사, 요압의 부하들 여럿이 아브넬의 손에 쓰러졌습니다. 이 모습을 요압의 동생 아사헬이 아브넬의 칼을 막기 위하여 방향을 바꾸었습니다. 아브넬을 죽이기 위해서였습니다.

아사헬을 따라 몇 용장들이 아브넬에게 달려들었습니다. 아브넬은 아사헬과 밀려오는 용장들을 보고 도망을 갔습니다. 그러나 아사헬의 달리기는 오래 전부터 알려져 있는 실력이었습니다. 아브넬이 힘을 다해 달렸지만 아사헬의 속도는 쉽게 아브넬 가까이 다가갈 수 있었습니다. 아브넬은 바로 뒤에까지 접근한 아사헬에게 뒤를 돌아보면서 말했습니다.

"아사헬, 나를 쫓지 말고 다른 애들이나 쫓아라. 그리고 그 놈의 군복이나 빼앗아라!"

그러나 아사헬은 듣는 둥 마는 둥 계속 아브넬을 쫓았습니다. 아브넬이 다시 말했습니다.

"그만 쫓아라. 내가 너와 싸우면 너는 내 칼에 죽는다!"

『그날에 아브넬이 다시 아사헬에게 이르되 너는 나 쫓기를 그치라

내가 너를 쳐서 땅에 엎드러지게 할 까닭이 무엇이냐

그렇게 하면 내가 어떻게 네 형 요압을 대면하겠느냐』(:22)

아사헬의 추적은 집요했습니다. 그의 추적으로 인해 아브넬은 괴로웠습니다. 그러다가 얼굴을 돌려 바짝 쫓아 힘을 다해 달려오는 아사헬을 쳐다보더니 갑자기 몸을 돌려 창끝으로 아사헬의 배를 향해 정확히 꽂았답니다. 달려오던 힘은 아브넬의 창이 아사헬의 갑옷을 뚫기에 충분했고 아니 오히려 살을 뚫고 등뼈를 가르고 뚫고 지나갔습니다. 아사헬은 한 마디 말도 못하고 숨 한번 크게 쉬지 못한 채 그 자리에 쓰러져 죽었답니다.

『저가 치우치기를 싫어하매 아브넬이 창 뒤끝으로 그 배를 찌르니 창이 그 등을 꿰뚫고 나간지라 곧 그곳에 엎드러져 죽으매...』(:23)

그 날쌔던 아사헬이 창에 찔려 죽자 아사헬을 신나게 따르던 자들이 기가 막혔었는지 모두 아사헬의 시체 앞에 서서 멍하니 넋 놓고 있었습니다. 장난으로 시작한 일이 돌이킬 수 없는 비극이 된 것입니다. 모두가 허탈하고 공허할 뿐입니다.

장난... 심하면 싸움되는 경우가 종종 있답니다.

장난으로 한 말인데... 그 장난 말 때문에 상처받구요.

장난으로 툭 친 건데... 그 장난으로 인격 다치는 경우 있답니다.

장난으로 싸운 건데... 그것으로 인해 원수 되는 경우 있답니다.

장난... 너무 오래 하지 마세요.

아니 어른이 되어서는 장난하지 않는 게

오히려 품위 있어 보인답니다.

아사헬의 죽음, 다윗의 용사들에게는 참을 수 없는 분노였습니다. 모두에게 분노가 끓어오르는 것입니다. 특히 아사헬의 형인 요압과 아비새는 그 분을 삼킬 수가 없었습니다. 동생을 잃은 요압과 아비새는 군사들을 모아 아브넬의 간 곳을 추적하여 쫓기 시작했습니다. 울분을 가지고 기아라는 마을 옆에 있는 암마라고 하는 산까지 갔습니다만 해가 지고 있었기에 더 이상 추적하는 것은 불가능하다고 판단하고 추적을 그쳤습니다. 요압의 가슴은 분으로 끓어오르고 있었습니다. 동생 아사헬의 죽음이 요압의 눈에서 눈물을 뽑아내고 있었습니다. 돌아가려고 할 때, 작은 산꼭대기에서 아브넬의 지르는 소리가 들려왔습니다. 요압에게 하는 말이었습니다.

"이보게나, 요압! 왜 날 쫓아오면서 고생을 하느냐? 우린 지금 쓸데없는 싸움을 하고 있는 것임을 알고 있는가? 너는 너희 곳으로 가고 우린 우리 곳으로 가면 되는 것을 왜 쫓아오면서 에너지를 소모하는가? 우리가 알고 보면 이스라엘 사람들로서 한 형제들인데 더 이상 싸우는 일은 하지 말자! 그리고 네 부하들에게도 그만 돌아가라고 말하거라!"

『아브넬이 요압에게 외쳐 가로되 칼이 영영히 사람을 상하겠느냐 마침내 참혹한 일이 생길 줄을 알지 못하느냐 네가 언제나 무리에게 그 형제 쫓기를 그치라 명하겠느냐』(:26)

아브넬의 말을 들은 요압은 속에서 피가 끓었습니다. '망할 놈의 자식! 그만 하자고? 지가 가만히 있는 우리에게 장난치자고 하여 피비린내 나는 싸움판 만들어 놓더니 이제 와서 우리에게 그만두라고! 착한 내 동생 죽인 놈이 우리보고 잘못했으니 돌아가라고!' 속으로 중얼거림이었습니다.

그러더니 이를 물고 말을 내뱉었습니다.

"그래 망할 놈아, 어디 두고 보자. 네 놈이 쓸데없는 말만 하지 않았어도 이런 싸움은 없었고 아침 일찍 우린 유다로 돌아갔을 거야 이놈아! 그런데 우리가 잘못해서 이렇게 되었다고? 내가 네 놈의 목을 반드시 치리라!"

『요압이 가로되 하나님이 사시거니와 네가 흔단의 말을 내지 아니하였더면 무리가 아침에 다 돌아갔을 것이요 그 형제를 쫓지 아니하였으리라 하고』(:27)

싸움의 원인은 아브넬이었습니다.
가만히 있는 다윗 사람들에게 시비를 건 것은 요압이 아니라
아브넬이었습니다.
그런데 생각지도 않게 일이 커지고
게다가 자신의 상황이 불리해지자
아니 쫓기는 입장이 되자
아브넬은 그 책임을 요압에게 돌리는 표현을 하고 있는 겁니다.
본문을 무심코 보면 '아브넬이 그냥 말하는 것이구나' 하면서
지나게 되는데 요압 입장에서 생각해보면
이거야말로 억울하고 원통한 말인 것입니다.

그래서 요압이 열 받아 이렇게 말했답니다.

『요압이 가로되 하나님이 사시거니와 네가 흔단의 말을 내지 아니하였더면
무리가 아침에 다 돌아갔을 것이요
그 형제를 쫓지 아니하였으리라 하고』(:27).

자기가 칼부림의 원인이면서
결과만 가지고 책임이 「같이」 있다고 하는 것입니다.
이런 사람... 주변에 많아요.
원인은 자기가 만들어 놓고도 전혀 미안해 할 줄 모르는 사람.
게다가 마치 해결사인 것처럼 떠드는 사람 있더라구요.
이런 사람 보면 속상합니다. 정말로...
우린 그런 얄미운 짓 하지 말자구요!

요압은 분으로 인해 시뻘게진 얼굴을 하고 군사들에게 명령했습니다.

"야, 나팔 불어서 군사들 다시 모아라! 오늘은 물러간다. 더 이상 이스라엘 놈들을 쫓아가지 않는다. 오늘은!"

무엇인가 내일 할 일을 남겨둔다는 결심의 퇴각 명령이었습니다.

『나팔을 불매 온 무리가 머물러 서고 다시는 이스라엘을 쫓아가지 아니하고 다시는 싸우지도 아니하니라』(:28)

아브넬은 비참한 모습으로 요단강을 건너 임시 정부가 있는 마하나임에 돌아갑니다. 그러나 그의 마음속엔 두려움과 불안함을 가지고 돌아갑니

다. 자신의 잘못을 알고 있거든요. 요압에게 그만 싸우자고 큰 소리를 쳤지만 사실 잘못은 자기가 만든 것임을 알고 있거든요. 그리고 쫓던 요압이 말없이 유다로 돌아가는 모습 속에 살기가 있음을 감지할 수 있었거든요. 그래서 힘없이 걷고 있습니다. 내일이 보이지 않는 마하나임 땅으로 말입니다. 게다가 360명의 목숨을 잃고 돌아가는 길입니다. 부상자는 말할 수 없구요!.

『아브넬과 그 종자들이 밤새도록 행하여 아라바를 지나 요단을 건너 비드론 온 땅을 지나 마하나임에 이르니라』(:29)

『다윗의 신복들이 베냐민과 아브넬에게 속한 자들을 쳐서 삼백육십 명을 죽였더라』(:31)

요압이 물러났습니다. 부하들에게도 물러나라고 명령했구요. 그는 사랑하는 친동생 아사헬의 죽음을 가슴에 묻고 그 시체 짊어지고 유다로 가고 있습니다. 싸늘한 동생의 시체를 안은 요압, 무쇠 같은 요압이지만 그의 눈에는 사랑하는 동생의 죽음으로 인한 눈물이 흐르고 있었습니다. 그리고 원수 갚음을 내일로 하고 돌아가고 있습니다.

유다에 이르러 이스라엘 땅에 갔던 군사들을 점검했습니다. 아사헬 말고도 20여 명의 장수가 죽은 겁니다. 어금니를 굳게 다문 요압, 다시 동생 아사헬의 시체를 마차에 실었습니다. 그리고 떠났습니다. 고향 베들레헴으로.. 저승길 가는 동생을 고향에 묻어야 하겠기에 밤새도록 걸었답니다.

동생의 죽음을 보고 동생의 시체를 땅에 묻으면서 요압의 두 주먹은 떨고 있었네요. 무엇인가 반드시 할 것이라는 결심자처럼 말입니다. 장례를 마친 후 요압과 아비새 그리고 나머지 사람들은 밤새껏 걸어 다윗이 있는 헤브론에 돌아왔답니다.

명분도 없는 싸움입니다.
목적도 없는 싸움입니다.
영적인 일은 더더욱 아니었습니다.
아무 것도 아닌데 너무 심각한 싸움이 되고 말았습니다.
너무 많은 사람이 목숨을 잃었습니다.

우리도 열심히 싸웁니다만
어느 경우는 왜 싸우는 지도 모릅니다.
명분도 목적도 없이 싸웁니다.
가만히 보면 이유 없는 자존심 간의 싸움이 되어 있을 뿐입니다.
아무 것도 아닌 것을 가지고 원수가 되는 경우입니다.
혹시 지금 싸움 중에 있지 않습니까?
그 싸움, 명분이나 목적이 있는 싸움인가요?

혹 자존심 때문에
싸우지 않아도 될 싸움을 싸우고 있지 않으신지요.
너무 오래된 싸움이기에 지금 물러나면 지금까지의 시간이
아깝기에 끝까지 가보자는 식의 싸움이 아닌지요.
그치세요!

당신이 지면 당신의 손해가 거기서 그치게 된답니다.

그 알량한 자존심

한번 버려 보십시오!

버린 자존심 속에 하나님이 주시는 평안과 축복을

경험하게 된답니다.

❽ 삼하 3:1

저무는 가문, 떠오르는 가문

『사울의 집과 다윗의 집 사이에 전쟁이 오래매

다윗은 점점 강하여가고

사울의 집은 점점 약하여 가니라』(:1)

역사가 바뀌고 있습니다.

마치 밀려오는 파도를 막을 수 없는 것처럼

사울의 가문이 망해가고 있다는 말 속에

하나님께서 하시는 일이라는 것이 확신됩니다.

지난 40여 년의 시간들이

사울 가문을 이렇게 만들었음이 명확하게 다가오는군요.

사울의 가문... 우연히 이렇게 된 것이 아니라
그 이유가 분명히 있었음을 우리가 알고 있다면
우리는 지금 우리의 삶이 우리 가문의 미래를 어떻게 만들지
넉넉히 짐작할 수 있답니다.
설마라고 기대하지 맙시다.
하나님이 하시는 일이기 때문에 정확합니다.
『사울의 집은 점점 약하여 가니라』(:1하)

다윗에 대한 표현은 마치 아침 태양이 떠오르는 것과 같네요.
『다윗은 점점 강하여 가고』(:1하)
제 기도, 우리가 소원하는 기도잖아요.
그러나 이것은 기도한다고 되어지는 것이 아니랍니다.
하나님을 사랑하는 마음과
하나님을 사랑하는 삶이 이런 인생을 만들어 간답니다.
우리가 하나님을 사랑하는지를 이 말씀을 통해 알 수 있습니다.
『나의 계명을 가지고 지키는 자라야 나를 사랑하는 자니…』
(요 14:21)
사랑은 말로만 하게 되어 있지 않습니다.
사랑은 상대방을 행복하게 해 주게끔 되어 있습니다.
의지에 달려 있는 것입니다.
그러므로 주님을 사랑한다는 것은
의지를 가지고 주님이 주신 계명을 준수하는 것입니다.
주님을 사랑하기에 주님의 계명을 지키는 자에 대하여
이렇게 말씀하셨습니다.

『나를 사랑하는 자는 내 아버지께 사랑을 받을 것이요 나도 그를 사랑하여 그에게 나를 나타내리라』(요 14:21)

다윗이 점점 강해진다는 것이 우리로 하여금 뿌듯하게 합니다.
왜냐하면 다윗의 지난 역사가
다윗을 그렇게 만들어야 한다는 기대를 보여주기 때문입니다.
내가 살아온 인생길이
지금 나로 하여금 '점점 강해질' 수밖에 없는 발걸음이었는가를
생각하게 하네요.
반면 훗날 점점 강해 질 수밖에 없는 인생 되길 원하신다면
지금을 어떻게 살아야 하는지... 아시죠?

❾ 삼하 3:2-5

헤브론에서의 생활

다윗의 헤브론 생활은 아무런 불편이 없는 생활이었습니다. 유다 사람들이 잘 호응해 주는 것은 물론 자신의 친위 부대가 점점 강한 군대로 자리를 잡아가고 있었고, 이스라엘의 정부가 마하나임에 세워졌다 하더라도 전혀 부담이 되지 않았으며, 또한 블레셋까지도 다윗을 도와주고 있었기 때문입니다. 블레셋 왕 아기스는 이스라엘 문제는 다윗에게 전적으로 일임하고 있었던 겁니다.

다윗의 생활은 거의 완벽한 생활이었습니다. 그런데 이런 안락한 생활 속에서 다윗의 삶에 대해 기록될 만한 사건이 있었다면 단지 아이를 낳은 일이었답니다. 암논, 길르압, 압살롬, 아도니야, 스바댜, 이드르암… 여섯 명의 아들들입니다. (아마도 고대의 인명 기록이 남자들만 해당된 것으로 보면 그밖에 여자아이들이 더 있었을 겁니다.) 그런데 문제는 이 여섯 아들들이 모두 배다른 아들들이라는 것입니다. 맏아들 암논... 이스르엘 여인 아히노암에게서 낳은 아이였습니다. 종종 그의 이름은 암논이라고 불리기도 했답니다. 둘째는 길르압이라고 했는데 갈멜의 목축업 부자인 나발의 아내였던 아비가일에게서 낳은 아들이었습니다. 그를 다니엘이라고 부르기도 했지요. 아마 자기 엄마를 닮아 똑똑할 것으로 믿어 이름을 그렇게 지은 것 같습니다. 그 뜻이 '하나님은 나의 재판장이시다'라는 뜻인 걸 보면 그렇게 생각됩니다. 셋째는 압살롬이라는 아이였는데 그술이라는 부족의 왕인 달매와 인연을 맺으면서 그의 딸을 선물로 받아 관계를 맺어 낳은 아들이었습니다. 그녀의 이름은 마아가였습니다. 넷째 아들은 아도니야입니다. 학깃이라는 여인에게서 낳은 아들이었는데 아주 성품이 좋은 자식이었습니다. 다섯째는 스바댜였습니다. 그의 어머니는 아비달이었죠. 여섯째는 이드르암이었습니다. 에글라라고 하는 여인이 낳았답니다.

『다윗이 헤브론에서 아들들을 낳았으되 맏아들은 암논이라

이스르엘 여인 아히노암의 소생이요

둘째는 길르압이라 갈멜 사람 나발의 아내 되었던 아비가일의 소생이요

셋째는 압살롬이라 그술 왕 달매의 딸 마아가의 아들이요

넷째는 아도니야라 학깃의 아들이요

다섯째는 스바댜라 아비달의 아들이요

여섯째는 이드르암이라 다윗의 아내 에글라의 소생이니
이는 다윗이 헤브론에서 낳은 자들이더라』(:2–5)

다윗의 여러 아내들은 서로가 자신들이 낳은 아들을 붙잡고 보이지 않는 권력 다툼을 하고 있었습니다. 서로들을 향하여 다른 여인의 아들들에게 자신의 아들이 뒤지지 않도록 하기 위해 악착같이 교육과 훈련을 시켰답니다. 훗날 어느 경우에 다윗의 뒤를 이어 왕위를 이어 받을 수 있는 재목으로 만들고 있었던 겁니다. 아이들 역시 자신들의 어머니 영향으로 인해 서로 반목과 경쟁으로 눈치를 살피는 관계였답니다. 무척이나 복잡한 내명부(內命婦)의 일이었습니다. 분명 어느 땐가는 무슨 일이 일어날 것과 같은 분위기였답니다.

문제가 생길 가능성을 열어 놓은 것,
아무런 문제가 발생하지 않으면 그냥 넘어갈 수 있습니다.
그러나 인생은 그런 것이 아닙니다.
심은 것은 반드시 열매를 맺게 되어 있습니다.
잘못된 것을 심었을 때, 그것이 자라지도 않고
열매도 맺지 않으면 좋겠습니다만
잘못은
미래를 힘들게 하는 가능성을
잉태하고 있음을 잊지 말아야 합니다.
반면에 선함도 똑같답니다.

선한 행위는

미래를 아름답게 꾸밀 가능성을 잉태하고 있는 것이지요.

그러므로 갈라디아서 6장 7절을 기억하면서 삽시다.

『스스로 속이지 말라

하나님은 만홀(慢忽)히 여김을 받지 아니하시나니

사람이 무엇으로 심든지 그대로 거두리라』

미래에 어떤 일을 만나기를 바라는지요?

그것을 위해 지금 씨앗을 잘 뿌리십시오!

⑩ 삼하 3:6–11

혼란스런 마하나임 정부

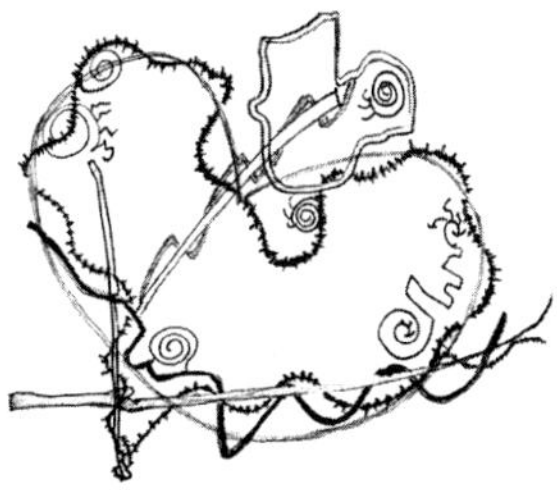

마하나임에 본부를 둔, 이스라엘 독립을 위한 임시 정부가 조직되어 있었습니다. 표면적인 수장은 이스보셋이었습니다만 사실상의 실세 권력은 아브넬이었습니다. 독립을 위한 임시 정부 요원들은 블레셋에 붙어서 이스라엘을 관할하고 있는 다윗이 무척이나 미웠습니다. 물론 그렇다고 해서 다윗이 마하나임 정부를 괴롭히거나 침입한 적은 없었습니다. (마하나임 임시 정부 요원들은 다윗을 블레셋에 붙어사는 매국노로 생각하고 있었을지는 모르지만 실상은 전혀 그렇지 않았습니다.) 유다에서 왕 노릇하고 있는 다윗은 겉으로는 블레셋에 붙어서 이스라엘을 관할하는 책임자가 되어 있었지만 그것은 이스라엘 나라를 구원하기 위한 심도 깊은 전략 행위에 불과했습니다. 이러한 행위는 블레셋 왕은 물론 이스라엘 사람들에게까지도 당분간은 철저히 숨겨진 일이었습니다. 다윗은 당분간 이스라엘 사람들에게 오해를 받고 미움을 받더라도 큰일을 위해 참고 또 잘 참아 내고 있었습니다. 따라서 마하나임 임시 정부는 다윗과 힘겨루기를 했지만 다윗은 그들을 전혀 경쟁의 대상으로 생각하고 있지 않았던 것입니다.

역사의 방향이 다윗에게로 기울어지고 있었습니다. 그러나 마하나임 정부의 실세인 아브넬은 이스보셋을 꼭두각시로 만들었고, 모든 사람은 아브넬의 비위를 맞추어야 하는 상황으로 만들어 놓았습니다.

『아브넬이 사울의 집에서 점점 권세를 잡으니라』(:6)

아브넬의 노력... 정권을 되찾으려는 독립 운동의 일이 계획대로 잘 되어 가지 않았습니다. 다윗의 세력을 약화시킬 생각을 하고 전략을 짜곤 했지만 뜻대로 되지 않는 것입니다. 그래서 화를 내기도 하고 폭음(暴飮)하기도 하고... 마하나임 임시 정부의 표면상 중심 구성원은 사울 집안사람들이었는데도 말입니다. 이스보셋이 사울의 가장 가까운 혈통이기에 왕이 되어 있었고 나머지 사람들은 왕가(王家)로서 생활하고 있었습니다.

그들 중에 사울 왕이 늦게 얻은 첩(妾)이 있었습니다. 리스바라고 하는 여자였습니다. 왕인 이스보셋에게는 어쨌든 어머니였습니다. 문제는 여기서 생겼습니다. 아브넬과 이 여인이 눈이 맞아 놀아나기 시작한 것입니다. 이 여인도 홀로된 몸이고 젊은 여인이기에, 그리고 자신이 의지했던 사울이 죽었기에 미래에 대한 두려움으로 가득 차 있었겠지요. 그러던 가운데 힘을 가지고 있던 아브넬이 다가오자 그와 친밀한 관계가 되었던 겁니다. 아브넬과 이 여인과의 관계는 마하나임 임시 정부 사람들에게 알려진 비밀로서 화재(話材)거리였답니다. (홀로된 왕비를 소유하는 것은 실상 자신이 왕임을 주장하는 행위였습니다.)

이스보셋은 이 소문을 듣고 무척이나 괴로웠습니다. 평소 때에도 힘을 가지고 자신을 함부로 대하는 아브넬이 미웠는데 이제는 왕실의 어른인 아버지의 첩을 취하는 무례함 때문이었습니다. 그런 행위는 실제 왕임을 주장하는 신호였기 때문에 더 고통스러웠던 것입니다. 하지만 이스보셋은 힘이 없었고 게다가 아브넬이 무서웠습니다. 결국 전전긍긍하던 이스보셋은 아브넬을 자신의 집무실로 불렀답니다. 그리고 어색하고도 겁먹은, 그러나 약간은 담대하게 말합니다.

"아브넬 장군, 장군에 대한 소문이 좋지 않소! 내 아버지의 첩을 통간하고 있다는 괴이한 소문이 들리지 않소?"

『이스보셋이 아브넬에게 이르되 네가 어찌하여 내 아버지의 첩을 통간하였느냐』(:7)

그동안 누구에게도 기분 나쁜 소리를 듣지 않았던 아브넬이었습니다. 특히 누구도 아브넬의 사생활에 대하여는 전혀 말하지 않았었습니다. 그의 행동이 나빴지만 아무도 말할 수 없는 상황이었습니다. 더럽기도 하고 무섭기도 했기 때문입니다. 리스바하고의 정분 관계가 있음에도 불구하고 모두들 모르는 체 했었습니다. 그런데 이스보셋이 그 문제를 들고 나오니 아브넬은 가슴이 철렁했습니다. 자신의 양심도 그 소리를 부담스러워 했습니다. 몰래 짓고 있는 죄가 들통난 겁니다.

죄를 범하지 않았는데
죄인이라고 하면
화를 내지 않습니다. 대꾸도 하지 않습니다. 침착합니다.
왜냐하면 사실이 아니기 때문입니다.
그런데 몰래 죄를 짓고 있는데
죄가 들통이 나서 지적을 받으면
당황하고 놀래고 화를 냅니다.
그리고 변명합니다.
화재(話材)를 바꾸려고 합니다.
이것이 인간의 본성입니다.

아브넬은 감히 예측할 수 없었던 말을 들은 것입니다. 순간적으로 온몸에 식은땀이 쫙 퍼집니다. 물론 이스보셋은 아브넬 양심의 찔림을 눈치채지 못했습니다. 단지 힘을 소유한 아브넬의 비위를 건드린 것에 대한 두려움과 아브넬이 어떻게 반응할 것인가에 대한 초조함뿐이었습니다. 반면에 아브넬은 이스보셋의 겁먹은 마음 상태를 읽고 있었습니다. 이미 기(氣)

싸움에서 아브넬은 이스보셋을 누르고 있었고 이스보셋은 정당하고 옳은 말을 했지만 떨고 있었답니다. 구렁이 같은 아브넬이 이스보셋의 말에 긍정할 리가 없지요. 들킨 잘못을 감추기 위해 오히려 큰 소리를 치며 화를 냈답니다. 마치 억울하게 죄인으로 취급 받는다는 식으로 말입니다.

아브넬은 자신이 처한 곤경의 웅덩이에서 빠져나오기 위해 경건을 이용한 협박을 했습니다. 하나님의 이름을 들먹거리면서 지르는 소리에 이스보셋은 겁에 질렸습니다.

"이보시오, 이스보셋 왕이여! 날 유다 땅에서 기어 들어온 개로 여기시면서 하시는 말씀인 것 같구려! 내가 개 같은 놈이라 이 말이시지? 내 평생 당신 아버지를 모셔왔고 지금도 당신 아버지를 생각해서 당신을 보필하고 있는데 이제 와서 한다는 생각이 나를 유다에서 굴러 들어온 개로 보고 있다 이 말씀이시군요! 사울 왕 부인의 추잡한 문제를 어디서 들었는지는 모르지만 나에게 올가미를 씌운다 이겁니까? 그래서 그걸로 날 책잡아 죽이시려고 하시는 거요?"

이스보셋은 심장이 멎는 것 같았습니다.

"내 분명히 말하는데 요즘 들리는 소문에 여호와께서 유다 헤브론에 있는 다윗을 이스라엘의 왕으로 삼겠다고 하셨답디다. 당신! 왕이라고 하면서 하는 꼬락서니를 보니 그 말대로 될게 분명하구먼! 자기 위해서 사는 나 같은 충신에게 죄를 뒤집어씌우니 망하지 않겠소!"

이스보셋은 섬뜩했습니다. 아브넬의 말은 더 이상 아브넬이 자신을 돌보지 않겠다는 협박이었기 때문이었습니다. 아브넬은 계속 떠들었습니다.

"이보시오, 이스보셋 왕이여! 내 분명히 말하는데 떠도는 소문, 다윗이 이스라엘의 왕이 된다는 말 있잖소? 그 말대로 역사는 바뀔 거요. 그렇지 않으면 내가 당신께 목을 내 놓으리다!"

『아브넬이 이스보셋의 말을 매우 분히 여겨 가로되 내가 유다의 개 대강이뇨 내가 오늘날 당신의 아버지 사울의 집과 그 형제와 그 친구에게 은혜를 베풀어서 당신을 다윗의 손에 내어주지 아니하였거늘 당신이 오늘날 이 여인에게 관한 허물을 내게 돌리는도다 여호와께서 다윗에게 맹세하신대로 내가 이루게 아니하면 하나님이 아브넬에게 벌 위에 벌을 내리심이 마땅하니라 그 맹세는 곧 이 나라를 사울의 집에서 다윗에게 옮겨서 그 위를 단에서 브엘세바까지 이스라엘과 유다에 세우리라 하신 것이니라 하매』(:8-10)

죄를 지은 사람이
자신의 죄가 들키게 되면
변명을 하기 마련입니다.
죄를 드러낸 사람을 물려고 달려드는 법입니다.
그러므로 죄를 지적할 땐
조심해야(?) 합니다.
그렇지 않으면 물립니다!

배우고 생각해야 할 것이 있습니다.
혹시 우리가 은밀하게 죄를 범하고 있지는 않은지요?

그리고 그 죄가 들키지 않기를 바라고 있지는 않은지요?
들키기 전에 회개하십시다.
그리고 그만 그칩시다.
하나님은 진심으로 죄인 줄 알고 뉘우치고 회개하며
죄 범하는 것을 그치면
그 죄를 용서해 주실 뿐만 아니라 들키지 않게 해 주신답니다.
사람도 그래요. 과거에 잘못했다는 것을 문제 삼는 것이 아니고
과거에 잘못을 지금도 계속하고 있다는 것 때문에 화가 나고
용서가 안 되는 거랍니다.

그러나 하나님은 말씀으로 회개와 그침을 권면하시고 기회를 주시는 데도 우리가 돌이키지 않으면 벌하시지요.
언젠가는 사람에게 들켜서 망신을 당하게 된답니다.
지금 우리는 아브넬의 변명과 큰 소리치는 것을 보고
뻔뻔스럽고 나쁜 놈이라고 합니다만
사실 우리는 우리의 죄가 들키지 않았기에 그렇게 생각할 뿐이지
우리도 숨기고 있는 죄를 들키게 되면
아브넬보다 더하면 더했지 덜하지는 않을 것입니다.
그러므로 지금까지 들켜 망신당하지 않게 하신 것이
하나님의 은혜인 줄 알고
속한 시간에 회개하고 죄를 그치는 것이 지혜입니다.

보통 사람이라도 역사는 분명 다윗에게로 기울어지고 있다는 것을 알

수가 있었습니다. 아브넬도 마하나임 정부는 무너질 수밖에 없다는 것을 알고 있었구요. 그렇게 되면 자신의 입지는 순식간에 무너지게 된다는 것도 알고 있었습니다. 역사의 기울어짐을 인식한 아브넬은 순찰 중에 종종 다윗 사람들과 만나는 가운데 전과는 달리 다윗의 사람들에게 친절을 베풀곤 했습니다. 그리고 다윗의 행동에 대해 훗날을 위해서 의도적으로라도 호의적인 표현을 했답니다.

일이 이렇게 되어가자 이스보셋은 아브넬의 변하고 있는 태도를 감지합니다. 그러나 아브넬에게 이렇다 저렇다 말을 할 수가 없었답니다. 왜냐하면 아브넬의 성질이 더러운데다 그가 실제적인 권력을 가지고 있었기 때문입니다. 잘못 건드렸다가는 더 큰 어려움을 당할 것은 뻔했기에 오히려 아브넬의 비위를 건드리지 않으려고 말입니다.

『이스보셋이 아브넬을 두려워하여 감히 한 말도 대답지 못하니라』(:11)

11 삼하 3:12-16

배신하는 아브넬

블레셋으로부터의 국권(國權) 회복을 위한 마하나임 임시 정부가 세워진 지 이 년이 가까워 옵니다만 이스라엘의 주권(主權) 회복은커녕 오히려 블레셋과 손을 잡고 있는 다윗의 위세만이 든든해 질 뿐이었습니다. 그러면서도 이상한 것은 다윗이 블레셋과 손을 잡고 있다는 것이 공공연한 사실인데도, 다윗은 이스라엘 사람들에게 못되게 굴지도 않고 오히려 이스라엘 사람들을 편하게 해주고 있었지요. 그래서 그런지 세월이 흘러가면서 이스라엘 사람들도 다윗에 대한 감정이 많이 부드러워졌답니다. 반면에 마하나임의 임시 정부는 나라를 세우기는커녕 오히려 들려오는 소리는 아브넬의 권력 야심으로 인한 내분만 커지고 있다는 것입니다. 사울의 집안이 점점 쇠퇴해 가면서 가망이 없어지고 있었습니다.

역사의 흐름을 읽고 또 자신의 입지를 생각하던 아브넬은 고민 고민하다가 대세를 따라 다윗에게로 가는 것이 사는 길이라 판단하게 되었습니다. 그래서 아브넬은 자신의 정치적인 입지를 다윗에게로 선회했답니다. 은밀하게 사람을 불렀습니다. 믿을 만한 신복에게 다윗을 만나고 올 것을 부탁했습니다.

"이보게나, 나는 자네를 믿네. 지금 곧바로 유다 왕 다윗에게 다녀오게!"

신복은 의아하게 생각했습니다.

"이 일은 이스라엘 전체를 위한 애국하는 결단이야. 나라를 살려야겠네. 사울 집안을 위한 정치를 할 순 없지 않은가! 백성을 위해 결단했네. 다윗을 도와 다윗으로 하여금 이스라엘을 다스리도록 해야 할 것 같아. 그는 모든 백성에게 인정을 받고 있어!"

신하는 아브넬이 이미 결심한 것을 알고 더 이상 묻지 않았습니다. 그리고 지난 날 목숨을 다해 아브넬을 섬겼던 것처럼 이번에도 아브넬의 결정을 따르기로 했지요. 아브넬은 신복에게 말을 계속했습니다.

"이보게나, 다윗을 만나게! 그리고 나 아브넬이 나라를 넘겨 줄 것이라 말하게. 나라를 살리는 일이라고 분명히 말하고... 나 아브넬이 통일을 위해 다윗 장군을 돕겠다고 말하게나."

『아브넬이 자기를 대신하여 사자들을 다윗에게 보내어 가로되 이 땅이 뉘 것이니이까 또 가로되 당신은 나로 더불어 언약하사이다 내 손이 당신을 도와 온 이스라엘로 당신에게 돌아가게 하리이다 』(:12)

아브넬의 신복은 비밀스럽게 유다 땅으로 들어갔습니다. 말 뒤에 사신의 표를 상징하는 깃발을 달고 헤브론으로 들어가고 있습니다. 헤브론 다윗 본부는 마하나임에서 아브넬의 보냄을 받고 왔다는 사람을 데리고 다윗을 만나게 했지요. 아브넬이 보낸 사신은 아브넬이 준 말을 하나도 빠뜨리지 않고 전했답니다.

다윗은 무척이나 흥분되기 시작했습니다. 백성들의 마음을 얻는 것도 중요하지만 마하나임 정부의 실질적인 권력자인 아브넬의 마음이 돌아섰다는 것은 천군만마(千軍萬馬)를 얻은 것 같았습니다. 그러나 다윗은 서둘지도 허겁대지도 않았습니다. 오히려 여유를 부리면서 시간을 보냈답니다.

그러더니 다윗은 무슨 생각을 했는지 아브넬에게 말을 전하라 하면서 뜻밖의 요구를 했습니다. 수년 전에 헤어진 사울의 딸이자 자신의 첫 번째 아내였던 미갈을 데리고 오면 아브넬을 받아 주겠다는 거였습니다.

『다윗이 가로되 좋다 내가 너와 언약하려니와 내가 네게 한 가지 일을 요구하노니 나를 보러 올 때에 위선 사울의 딸 미갈을 데리고 오라 그렇지 않으면 내 얼굴을 보지 못하리라 하고 사울의 아들 이스보셋에게 사자들을 보내어 이르되 내 처 미갈을 내게로 돌리라 저는 내가 전에 블레셋 사람의 양피 일백으로 정혼한 자니라』(:13-14)

사신으로부터 다윗의 요청을 들은 아브넬은 다윗이 무슨 의도로 미갈을 데려오라고 하는지 알 수 있었습니다. 다윗의 고도(高度)의 정치적 계산

『미갈을 데려오라...』 무슨 의미일까요?

미갈이 보고 싶어서였을까요? 그럴 수도 있겠습니다만 다윗이 미갈을 보고 싶었다면 힘으로 찾지 않았겠어요? 그래도 한 지파의 왕인데... 보고 싶어서가 아닙니다. 고도의 정치적인 기술이라는 생각이 듭니다. 사울의 집안이 무너지고 있을 때 사람들은 다윗이 사울의 집안을 무너뜨린 장본인으로 여기고 있었습니다. 사실이야 어떻든지 간에 사울과 그의 신복들이 그렇게 소문을 냈었으니까요.

다윗은 이런 정치적인 오해와 오점(汚點)을 불식시켜야 했습니다. 이런 오해가 전국적으로 뿌리를 내리고 있는 한 마하나임 정부를 인수한다 하더라도 백성이 따라주지 않을 것이 뻔했기 때문입니다.

그래서 자신은 사울 집안을 경멸하거나 말살시키려 하는 사람이 아니라는 것을 보여 주려고 사울의 딸 미갈을 데리고 오라고 한 것입니다.

사울의 집안을 파괴시킨 사람이 아니라 사울의 집안 망하는 것과는 상관이 없는 사람, 반면에 사울 집안을 보호해 주는 사람으로 사람들에게 보이고 싶은 것입니다. 그래서 사울의 집안이 망하는 마당에 사울의 딸 미갈을 찾고 있는 것이지요.

을 모르지 않았던 겁니다. 다윗이 이스라엘 사람들과 베냐민 사람들의 오해나 반대 없이 자연스런 통일을 이루기 위해서는 무엇보다도 사울의 딸인 미갈을 다윗에게로 데리고 가야함을 눈치를 챘습니다.

다윗의 뜻을 전해들은 아브넬은 행보가 빨라졌습니다. 먼저는 바보 같은 왕 이스보셋을 설득해야 했습니다. 걸리적거리는 장애물이었거든요.

"이스보셋 왕이여!"

아브넬의 퉁명스런 말투에 이스보셋의 마음은 또 한 번 두근거렸습니다. 이번에는 또 어떤 협박의 소리를 할지 두려웠습니다.

"다윗과 협상합시다! 내가 보니 우리가 함께 살고 또 나라를 살리기 위해서는 다윗에게 무릎을 꿇는 것이 상책인 듯한데... 이제 그만 버둥기고 다윗과 협상하시죠! 제가 앞장서겠습니다. 쉽게 말하면 역사를 거꾸로 살지 말자 이런 말 아니겠습니까?"

이스보셋은 아무런 말도 할 수 없었습니다.

"그럼 내 이스보셋 왕께서 허락하신 줄 알고 그렇게 일을 추진하도록 하겠습니다. 이 일을 하는데 물어보실 일이 있거나 지시하실 말씀이 있으면 속앓이 하지 마시고 언제나 물어 보십시오. 정성껏 대답해 드리겠습니다. 그러나 제가 일부러 나서서 미주알고주알 보고는 하지 않겠습니다. 허나 그렇다손 치더라도 섭섭해 하지 마시고 잘하고 있겠거니 하면서 믿어주시면 감사하겠습니다. 이게 다 대왕과 조국을 위한 충정에서 하는 일입니다!"

힘없는 이스보셋은 아브넬의 속마음을 알고 있었습니다만 울분을 삭일 수밖에 없었답니다. 아브넬의 말을 들어 주는 것이 자신이 살 수 있는 길이고 또 다윗에게 죽임을 당하지 않으려면 가만히 있을 수밖에 다른 도리가 없었습니다.

조용한 산기슭에 큰 집 한 채가 자리하고 있었습니다. 주변은 모두 평화롭기만 합니다. 블레셋에게 주권을 빼앗긴 상태이지만 그래도 이 집은 부자였습니다. 더욱이 이스라엘의 초대 왕 사울과 사돈이 되는 집이었으니까요. 물론 사울이 죽고 왕가가 망했습니다만 왕의 사돈 집안이라는 자존심은 대단했습니다. 사람들은 사울이 전쟁터에서 전사했다는 소식에 사울의 딸 미갈을 더욱 측은하게 여겼고 미갈의 남편인 발디엘도 무척이나 미갈의 아픔을 감싸주려고 노력했습니다. 발디엘은 지금만 그런 것은 아니었습니다. 전에도 미갈을 무척이나 위해 주었고 사랑해 주었습니다. 진심이었습니다. 발디엘은 행복했습니다.

한낮에 군인들이 찾아왔습니다. 서너 명이 말을 타고 왔는데 한 사람은 상당히 지체가 높아 보였습니다. 군복도 달랐고 차고 있는 칼도 달랐습니다. 무엇보다 풍채가 달랐습니다. 발디엘은 뜻밖의 사람들이기에 놀랐습니다만 자세히 보니 그 풍채 좋은 사람은 장인인 사울의 신복 아브넬이었습니다.

발디엘은 안심하고 반갑게 아브넬과 그의 신하 군인들을 맞이하려 했는데 아브넬의 태도는 왕의 사위를 대하는 예의 바른 태도가 아니었습니다. 말에서 내리지도 않고 하는 말이 미갈을 찾으러 왔다는 것입니다. 방에 있던 미갈이 자신을 부르는 소리를 듣고 문을 열고 나왔습니다. 아버지의 신복이었던 군대장관 아브넬이었습니다. 미갈은 무척이나 반가웠습니다.

그런데 미갈은 아브넬을 반가워 하는데, 그래서 대접을 하려고 하는데 미갈을 본 아브넬은 정중하였지만 무척이나 냉정하게 대하는 거였습니다. 그러더니 같이 온 군사들에게 명령을 했습니다.

"공주님을 잘 모셔라!"

군사들은 아브넬의 명령에 따라 민첩하게 움직이면서 미갈의 팔을 힘있게 잡더니 그녀를 안아 준비해 온 마차에 태웠습니다. 갑작스러운 일... 미갈은 영문을 모르고 반항을 합니다만 군사들을 이길 힘이 없었습니다. 아브넬을 향하여 무슨 짓이냐고 소리를 지르고 물었습니다만 아브넬은 좋은 일이니 가서 말하자고 할 뿐 대답을 하지 않았답니다.

"얘들아, 얼른 공주님을 모셔라! 유다 땅 헤브론으로 모신다!"

아브넬은 군사들을 시켜 미갈을 헤브론으로 후송할 것을 명령했습니다.

마치 미갈을 납치해 가는 것과 같은 모습에 발디엘의 종들이 군사들을 가로막았습니다만 달려드는 종들을 향해 군사들은 칼을 뽑아 접근을 못하게 했답니다. 발디엘이 말 위에 올라앉아 있는 아브넬의 발을 잡았습니다.

"나리, 무슨 일입니까? 왜 제 아내를 붙잡아 가시는 겁니까요?"

발디엘은 무슨 영문인지를 알려달라고 사정을 했습니다만 아브넬은 알 것 없다고 하면서 말고삐를 잡아 당겼지요. 그러나 발디엘은 아브넬의 발을 놓지 않았습니다.

"이 사람! 어서 떨어지지 못해! 공주를 뵙기 원하시는 분이 있어서 모시고 가는 거니라! 너무 걱정하지 말거라!"

아브넬과 군사들은 말을 타고 갑니다. 미갈은 뒤돌아보며 말 뒤에 따라오는 남편 발디엘을 부릅니다. 발디엘은 납치당하는 아내 미갈을 부르면서 뛰어옵니다. 얼마나 갔을까요? 따라오는 발디엘의 모습이 처절합니다. 아브넬 장군을 부르는 발디엘의 모습, 아내 미갈을 부르는 발디엘의 모습, 그의 목소리는 힘 있는 자에게 짓밟히는 처절한 목소리였고, 사랑하는 아내가 납치되어 가는 것을 보면서도 아무 것도 할 수 없어 비탄해 하는 울음 섞인 목소리였습니다.

"나리, 멈추시오. 내 아내 돌려주시오! 내 아내 미갈을 돌려주시오! 내 나리께서 원하시는 건 뭐든지 다 드리리이다. 돈을 원하시면 돈을 드리고 땅을 원하시면 땅을 드리고 곡식을 원하시면 곡식을 드리리이다!"

미갈을 데리고 가는 행렬이 바후림이라는 곳에 이르렀을 때입니다.

아브넬이 말을 멈췄습니다. 측은하게 따라오는 발디엘의 모습이 불쌍해 보였는지 아니면 귀찮게 느껴졌는지... 발디엘은 숨을 헐떡거리면서 멈춰선 아브넬에게 와서 엉엉 울면서 매어 달립니다. 내 아내 미갈을 왜 데리고 가냐며, 내 아내 미갈을 돌려달라고... 눈물이 범벅되어 아내를 돌려달라고 하는 발디엘을 물끄러미 바라보던 아브넬이 갑자기 칼을 뽑았습니다. 그 칼끝이 발디엘의 목에 닿았습니다. 그리고 하는 말이

"다윗 장군께 미갈 공주님을 모시고 간다. 더 이상 따라오면 목숨을 잃게 될 것이니 돌아가라!"

『그 남편이 저와 함께 오되 울며 바후림까지 따라 왔더니 아브넬이 저에게 돌아가라 하매 돌아가니라』(:16)

「다윗에게로 모시고 간다...」 미갈이 아브넬에게 들은 말이었습니다. 오랫동안 잊은 이름, 다윗...

미갈의 첫 사랑입니다. 그러나 아버지 사울이 다윗을 죽이려 하였기에 다윗은 아버지 사울에 대하여 섭섭한 마음을 가지고 있었을 것이라 생각하고 있었습니다. 또한 사울의 딸인 자신도 미워하고 기억하지도 않을 것이라고 생각했었습니다. 게다가 다른 곳으로 시집을 갔으니 더더욱 미움을 받을 것이라고 생각했었습니다. 그래서 자신도 다윗을 잊었었답니다. 세월이 지나 다윗에 대한 생각은 희미해져 있었습니다. 다윗이 블레셋과 손을 잡고 이스라엘을 관할하는 총독이 되었다는 소식을 들어서 알고 있었습니다만 그런 소식을 들을 때마다 첫 사랑의 다윗이 보고 싶기도 했었습니

다. 그러나 잊어야 할 사람이 아닌가요?

그런데 지금 다윗에게로 간다는 것입니다. 발디엘... 남편과의 헤어짐이 가슴 아픈 일이었지만 다윗 장군에게로 간다는 아브넬의 말에 발디엘과의 헤어짐에 대한 아픔이 갑자기 다윗을 보고 싶은 감정으로 선회하는 것을 느꼈습니다. 몇 년 만인가요? 미워서 헤어진 것이 아니라 사랑하기에 이별을 만든 미갈이었습니다. 그런데 그 사람 다윗에게로 지금 가고 있는 거랍니다.

⓬ 삼하 3:17-21
이스라엘 백성을 설득하는 아브넬

두 정부, 헤브론 정부(다윗 정부)와 마하나임 정부(이스보셋 정부)의 통합을 추진해 가고 있는 아브넬의 정치적인 움직임이 마지막 단계에 이르렀습니다. 다윗의 허락도 받아 놓았고 이스보셋의 허락도 받았으며 다윗의 요구대로 미갈을 찾았습니다. 이제는 이스라엘 장로들과 사울이 속했던 베냐민 지파 사람들을 설득하기만 하면 아브넬의 계획대로 되는 것입니다.

이 일을 위해 아브넬이 또 다시 나섰습니다. 먼저 베냐민 지파 사람들을 제쳐두고 나머지 지파의 장로들을 만났습니다. 그리고 다윗과 하나가 되어 나라를 살리는 것이 어떠냐고 물었답니다. 반은 설득이요 반은 강요

하는 연설을 했습니다. 이스라엘 장로들은 일단 다윗을 반가워하지 않았습니다. 어쨌거나 다윗은 블레셋과 손잡고 이스라엘을 이 지경으로 만든 나쁜 놈이라는 생각 때문이었습니다. 설득은 쉽지 않았습니다. 그러자 아브넬은 뜻밖의 말을 합니다. 지금 다윗이 블레셋의 편에서 일하는 것 같지만 실상은 다윗이 블레셋으로부터 이스라엘을 구원할 사람으로 하나님이 선택했다는 것입니다.

『이제 그대로 하라 여호와께서 이미 다윗에 대하여 말씀하시기를 내가 내 종 다윗의 손으로 내 백성 이스라엘을 구원하여 블레셋 사람의 손과 모든 대적의 손에서 벗어나게 하리라 하셨음이니라』(:18)

아브넬의 긴 말은 이스라엘 장로들을 설득하는 데 성공을 했습니다. 이제 마지막 문제는 베냐민 지파 사람들이었습니다. 베냐민 지파 사람들은 다윗에게 특별한 감정을 가질 수밖에 없는 입장이었습니다. 다윗 때문에 죽었다고 소문이 난 사울 왕이 속한 지파가 바로 베냐민 지파였기 때문입니다. 그러므로 베냐민 사람들에게 다윗과 통합하자는 제안을 허락받는 것은 만만치 않은 일이었습니다. 그러나 아브넬은 포기하지 않았습니다. 여러 가지 말로 설득을 하기도 했고 아마도 미갈을 다시 맞아들인 다윗의 태도를 무기로 베냐민 사람들을 설득하지 않았을까 하는 생각이 들기도 합니다. 어떻게 했는지는 몰라도 아브넬은 성공했습니다. 베냐민 사람들에게까지도 자신과 행동을 같이 하기로 동의를 얻어 내었답니다.

『아브넬이 또 베냐민 사람의 귀에 말하고 이스라엘과 베냐민의 온 집이 선히 여기는 모든 것을 다윗의 귀에 고하려고 헤브론으로 가니라』(:19)

아브넬의 외교술(外交術)

아브넬은 분명 자신의 정치적인 입지를 위하여
행동하고 있음이 틀림없습니다.
그러나 그의 설득력의 탁월함은 인정하지 않을 수 없네요.
물론 그가 이스라엘과 베냐민 사람들을 설득한 것이
탁월한 언변으로 한 것인지
아니면 힘을 통해 강제로 얻어낸 것인지는 확실치 않지만
아브넬은 대단한 일을 해 냈습니다.

아브넬은 자신의 정치적 입지를 위해 열심히 일하고 있습니다.
그러나 이 일은 하나님이 계획하신 어떤 작품을 향해 가는
보이지 않는 하나님의 손길이었습니다.
그 계획은 다윗을 통한 새로운 나라 건설이었습니다.

아브넬이 하는 행동을 보면 얄밉습니다.
지조(支調)가 없어 보입니다.
이기주의(利己主義)의 표본처럼 보입니다.
그래서 우리는 이런 사람을 미워하기도 합니다.
그럴 수 있습니다.
그런데 흥미 있는 것은
이런 사람이 보이지 않는 하나님의 계획을 향해 가는 데
중요한 역할을 하고 있다는 거지요.
물론 그렇다고 해서 우리가 이런 사람이 되면 안 됩니다.
하나님의 뜻을 이루기 위해 악인의 역할을 하면

안 된다는 말입니다.

아브넬과 같은 사람 되지 맙시다.

그렇다고 아브넬과 같은 사람을 미워하지도 맙시다.

단지 불쌍히 여겨야지요!

미움은 하나님이 기뻐하시는 것이 아니기 때문입니다.

모든 것이 잘 되었습니다. 아브넬의 완벽한 성공입니다. 신이 난 아브넬은 기쁜 소식을 가지고 20명의 대표자들과 함께 헤브론에 있는 다윗에게로 갔습니다. 다윗은 기쁜 소식을 가지고 온 아브넬을 반갑게 맞이했습니다. 싸움 한번 하지 않고 이스라엘 사람들과 통합을 하고 다스릴 수 있게 되었기 때문입니다.

『아브넬이 다윗에게 고하되 내가 일어나 가서 온 이스라엘 무리를 내 주 왕의 앞에 모아 더불어 언약하게 하고 마음의 원하시는 대로 모든 것을 다스리시게 하리이다 이에 다윗이 아브넬을 보내매 저가 평안히 가니라』(:21)

그러나 하나님은 사람이 어떻게 교묘한 태도의 삶을 산다고

하더라도 하나님은 자신이 하실 일을 이끌고 가십니다.

역사의 맥은 하나님의 손에 있습니다.

사람은 자신이 출세하기 위해 계략적으로 말을 하고 행동하지만

하나님은 당신의 역사를 움직이시는데

전혀 방해를 받지 않으신답니다.

⑬ 삼하 3:22-30
일을 망치는 사람

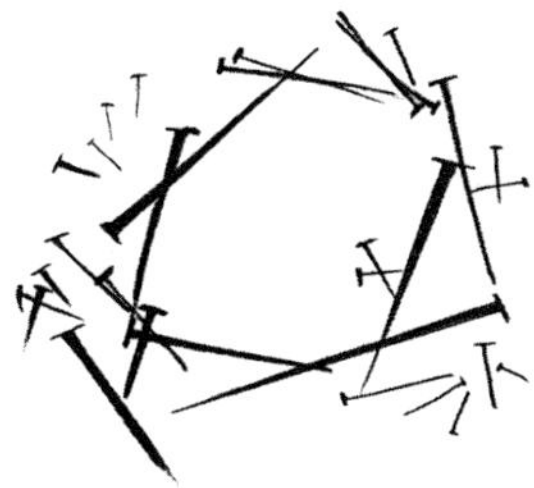

다윗은 아브넬로 인하여 오래 전부터 꿈꿔 온 「블레셋으로부터의 이스라엘 구원」에 관한 것을 이룰 수 있는 위치까지 도달했습니다. 지금은 비록 블레셋에게 붙어 있는 것 같은 쇼(show)를 하고 있지만 곧 통일 이스라엘이 이루어지면 더 이상 블레셋의 속국이 아님을 당당하게 선포할 계획입니다. 다윗은 이 큰 일을 위해 지금까지 별별 일을 다 해 온 거지요. 이제 그 날이 눈앞에 있기에 다윗의 마음은 들떠 있었습니다.

다윗이 아브넬을 만나 잔치를 벌이고 언약을 하면서 미래를 약속하고 있을 때, 다윗의 가장 측근인 요압 장군은 유다를 괴롭히던 못된 무리들을 소탕하고 돌아오는 중이었습니다. 간발의 차이였습니다. 아브넬이 다윗과의 만남을 마치고 헤브론 성을 빠져나감과 요압의 헤브론 입성이 말입니다.

성으로 돌아온 요압 장군은 신복에게 자신의 출정(出征) 중에 성에서 일어난 일에 대하여 보고를 받았습니다. 그런데 신하의 보고 가운데 요압의 귀를 거슬리게 하는 말이 있었습니다.

『아브넬이 왕에게 왔더니 왕이 보내매 저가 평안히 갔나이다!』(:23하)

다윗은 요압이 부담스러웠습니다. 다윗을 위한다는 명분으로 다윗이 하는 일 하나하나를 간섭하곤 했으니까요. 더욱이 요압이 아끼는 종놈은 다윗에게서 일어나는 일을 하나도 빠짐없이 요압에게 보고를 하니 미칠 지경이었습니다. 그런데 요압의 종놈이 이번에도 모든 보고를 한 것입니다. 아브넬이 왔다 간 것은 물론 어떤 일이 있었는지 상세히 보고를 했답니다.

요압은 아브넬에 대하여 감정이 아주 나빴습니다. 자신의 동생 아사헬이 아브넬의 창에 죽었기 때문입니다. 요압의 머리속에는 언젠가는 아브넬을 죽여 아우의 원수를 갚을 것이라고 작심하고 있었던 겁니다. 아브넬이 아무리 헤브론 정부와 다윗에게 기회를 만들어 준다 하더라도 요압에게는 죽여야 하는 원수에 불과했습니다. 감정 때문입니다.

상대방에 대한 나의 감정이 나쁘면
상대방이 하는 일이 좋은 일이라 하더라도
인정하지 않으려 하는 것이 인간의 속성입니다.
인간은 누구나 자신의 잣대로 사물을 보고 평가합니다.
내 마음에 들면 악한 일도 이해하려 합니다만
내 마음에 들지 않으면 선한 일도 순수하게 받아들이지 않습니다.

이런 마음... 고치고 싶은 것이 우리의 마음입니다.
그런데 우리의 힘으로는 될 수 없어요. 그래서 괴롭습니다.
그러나 성령의 능력으로는 됩니다.
우리의 마음을 성령님으로 가득 채우면 됩니다.
성령님으로 채워진 마음은 「일어난 일」에 대하여
바른 판단을 하게 합니다.

요압은 다윗을 만나 자신의 아브넬에 대한 감정을 이렇게 표출했습니다.

"전하, 전하께서 지금 제 정신이십니까? 아브넬은 이스라엘을 회복하겠다고 마하나임에 임시 정부를 세운 놈입니다. 그 놈이 전하에게 나라를 넘겨주겠다고 했다구요? 그걸 전하께서 받아들이셨다 이 말입니까? 말 같은 소리를 하셔야죠! 그 놈이 전하께 온 것은 우리 유다의 힘을 정탐하기 위해 온 것입니다. 그 놈이 얼마나 교활한 놈인지를 모르십니까?"

『왕도 아시려니와 넬의 아들 아브넬의 온 것은 왕을 속임이라 왕의 출입하는

것을 알고 모든 하시는 것을 알려 함이니이다』(:25)

요압은 두 눈을 부릅뜨고 다윗을 쳐다보면서 못마땅한 태도로 왕궁을 나오고 있었습니다. 그의 입에서는 계속 무슨 말인가를 중얼거리고 있었답니다.

"내 그 놈을 오늘 중에 죽여 버리리라!"

아브넬에 대한 감정을 삭이지 못하고 마음에 품고 있던 요압은 살인을 계획했답니다.

사실상 아사헬의 죽음은 자신이 자초한 것이나 다름이 없었습니다.
아브넬이 도망할 때 아사헬이 쫓아갔고
아브넬은 아사헬에게 쫓아오지 말라고 부탁했었습니다.
그런데 아사헬이 멈추지 않고 쫓아간 것입니다.
그러니 아사헬을 죽이지 않으면
아브넬 자신이 죽게 되어 있는 상황이었습니다.
그래서 (원래는 죽일 의도가 없었는데)
자신이 살려다보니 어쩔 수 없이 아사헬을 죽이게 된 거지요.
그런데도 요압은 자신의 동생 아사헬이 죽었다는 이유만으로
아브넬 살해 계획을 하고 있는 것입니다.
감정을 다스리지 못하는 마음
마음속에 무서운 것이 자리 잡고 있네요!

아브넬은 자신의 계획대로 모든 것이 되어 진 것에 대하여 무척이나 흥분을 하고 있었습니다. 다윗을 중심으로 이스라엘이 통일될 것이고 그렇게 되면 이 일을 성사시킨 자신의 입지는 견고해 질 것이 분명했기 때문입니다.

이렇게 아브넬이 기분 좋게 마하나임으로 돌아가고 있는 그 시간, 요압은 그 아브넬을 죽이기로 결심하고 계획하고 그것을 위해 사람을 움직였습니다. 날렵하고 지혜로운 몇 군사를 불러서 아직 길을 가고 있을 아브넬에게 보냈습니다. 물론 그 일은 다윗 왕에게는 절대 비밀로 하도록 명령해 놓았습니다.

요압의 신복은 요압의 명령에 따라 아브넬을 따라갔지요. 다윗 공동체의 서열 2위인 요압 장군께서 만나 뵙기를 바란다는 메시지를 가지고 간 것입니다. 말을 탄 군사들은 아브넬을 만나기 위해 달렸습니다. 아브넬을 만나는 것은 어렵지 않았습니다. 얼마를 가보니 아브넬과 그의 종자들이 우물가에서 쉬고 있었습니다. 먼지를 일으키면서 힘차게 달려오는 군사들을 보고 아브넬은 의아해 하였지만 곧 의문점이 풀렸습니다. 그것은 외지에 나갔다던 요압 장군이 뵙기를 청한다는 전갈을 가지고 왔다고 했기 때문입니다.

"아브넬 장군, 여기까지 오셨습니까? 장군을 만나기 위해 부지런히 달려왔습니다."

"무슨 일들인가?"

아브넬의 질문이었습니다.

"요압 장군께서 조금 전에 돌아오셨습니다. 요압 장군께서는 장군께서 다윗 왕을 만나셨다는 말씀을 듣고 무척이나 반가워 하셨답니다. 또한 나라를 위한 큰일을 도모하면서 실무자끼리도 만나야 하지 않겠느냐는 말씀이 있으셨습니다. 그래서 실례가 되지 않는다면 다시 헤브론으로 돌아오실 수 있는지를 묻잡기로 이렇게 달려 왔습니다. 요압 장군의 마음입니다."

아브넬은 요압이 헤브론 정부에서 어떤 위치의 인물인지를 잘 알고 있었습니다. 그렇기에 기쁜 마음으로 요압을 만나기 위해 발걸음을 돌렸답니다. 그런데 기쁜 마음으로 돌린 말고삐가 음부로 향해 가는 길이었는지 누가 알았겠습니까?

『이에 다윗에게서 나와서 사자들을 보내어 아브넬을 쫓아가게 하였더니 시라 우물가에서 저를 데리고 돌아왔으나 다윗은 알지 못하였더라』(:26)

요압은 침착했습니다. 화색이 짙은 아브넬의 모습을 보고 피가 거꾸로 솟는 것 같았습니다만 침착하게 행동했습니다. 표정 관리를 잘못하면 안 됩니다. 아브넬을 죽이기 위해 일단은 안심시켜야 했기 때문입니다. 요압은 아브넬이 들어올 때 매우 반가운 태도로 맞이했습니다. 그리고 이스라엘과 유다의 정권을 통일시키는 중대한 문제를 실무진끼리 다시 한 번 토론한다는 명목으로 개인 면담을 위한 밀실(密室)로 모셨(?)답니다. 밀실(密室) 밖에는 요압의 경호부대가 철통같이 지키고 있었습니다만 안에서 무슨 일이 날 것인지에 대한 의심은 아무도 하지 않았습니다. 아니 요압의 경호원들은 알고 있었을지 모릅니다만 적어도 아브넬과 함께 온 군사들은 전혀 의심을 하지 않았습니다. 오히려 자신들의 상관이 헤브론 정부의 실권자인 요압과 개인 면담한다는 것에 대해 자부심을 갖고 전국 통합의 일이 빨리 잘 진행되고 있다고 흐뭇해하는 표정들이었습니다.

밀실(密室)은 조용했습니다. 긴장이 풀어진 아브넬은 요압의 계획에 대해서는 전혀 예측 못하고 있었습니다. 요압이 친절하게 권한 의자에 몸을 의탁할 뿐이었습니다. 손님을 대접하는 듯한 요압의 움직임에도 전혀 의심하지 않았습니다. 반면에 요압은 아브넬의 심리를 세심하게 파악하면서 자신의 몸을 움직였습니다. 의도적으로 아브넬의 뒤로 가서 아브넬의 태도를 관찰하기도 했습니다. 아브넬은 정말 아무런 의심도 하지 않았습니다. 요압의 손이 옆에 찬 칼의 손잡이로 가는데도 아브넬은 전혀 눈치를 채지 못했습니다. 오히려 딴청을 피웠답니다. 긴장이 풀어진 상태입니다. 요압은 망설이지 않았습니다. 칼을 뽑았습니다. 아브넬은 놀라 의자에서 일어났습니다. 수많은 본능적인 생각들이 스쳐 지나갑니다만 어떤 행동도 할 수 없이 요압의 칼에 복부를 찔리고 말았습니다.

피를 흘리며 밀실(密室) 바닥에 쓰러지는 아브넬... 눈을 뜨고 요압을 쳐다봅니다. 힘이 없어 반항은 할 수 없었지만 요압을 바라보는 눈은 분함과 원통함을 말하고 있었습니다. 죽어가는 아브넬을 바라보는 요압은 죽은 동생 아사헬을 생각하며 속삭였습니다. '아우여, 내 오늘 자네의 원수를 갚았다네! 이제 편히 잠들게나...'

『아브넬이 헤브론으로 돌아오매 요압이 더불어 종용히 말하려는 듯이 저를 데리고 성문으로 들어가서 거기서 배를 찔러 죽이니 이는 자기의 동생 아사헬의 피를 인함이더라』(:27)

아브넬의 죽음이 다윗에게 전해졌습니다. 다윗은 황당했습니다. 아주 자연스럽게 이스라엘 사람들의 마음을 얻었는데... 오히려 완벽하게 된 일을 다른 사람이 아닌 요압이 망쳐버렸기 때문입니다.

다윗의 조카들—요압, 아비새, 아사헬
돕는 자인지 방해자인지 모르겠습니다.
저들은 오래 전 아둘람 굴에서부터 함께 하던 자들입니다.
굶을 때도 함께 굶었고 추위와 더위도 함께 했었습니다.
사울의 모진 핍박과 추적 속에서도

최측근의 용사는 다윗의 조카입니다

다윗과 함께하는 용사들 중에 최측근의 용사는 요압과 아비새, 아사헬이었습니다. 이들은 다윗의 조카입니다. 역대상 2장 16절의 기록에 따르면 다윗에겐 누이가 있었습니다. 그 누이의 이름이 스루야인데 이 삼인 장수가 그녀의 아들들인 거지요. 아마도 다윗은 형제들 중 막내인 걸 보면 누이 스루야는 꽤나 나이가 많았을 것입니다. 그로 인해 어쩌면 요압과 아비새, 아사헬은 다윗보다 나이가 약간 많거나 아니면 약간 아래일 수 있었겠죠. 조카들이지만 만만한 존재들이 아니었다는 것입니다.

다윗과 고생을 함께 한 사람들입니다.

이들은 동지(同志)입니다.

이 동지들이 인내와 믿음으로 다윗과 함께 큰일을 만들었습니다.

누구도 이 삼 형제의 노고(勞苦)를 부인할 사람은 없습니다.

그런데 언제부터인가

이들이 참으로 돕는 자인가 하는 생각이 듭니다.

적어도 저들은 돕는 자였었습니다.

그런데 지금은 문제아인 것 같습니다.

다윗의 일을 영광스럽게 만들기보다는

오히려 비참하게 만들고 있습니다.

다된 일들을 복잡하게 만들고 있는 사람들입니다.

우리는 돕는 사람인가요?

그렇다면 하나님의 마음, 아니면 주인의 마음을 읽어야 합니다.

그리고 우리는 단순히 섬기고 순종하기 위해 존재한다는 사실을

명심하면서 살아야 합니다.

변질(變質)입니다.

처음에는 어려움을 함께 이겨내기 위하여 참고

서로 격려했었습니다.

그런데 지금은 어려움이 없어졌습니다.

처음에는 힘없는 자로서 피해 다녀야 했습니다.

그런데 지금은 괴롭히는 사람도

자신들보다 힘 있는 사람도 없습니다.

처음에는 정상에 있는 사람들이 대단하게 보였었습니다.

그런데 지금은 모든 사람이 우습게 보입니다.

처음에는 섬김 받지 못함을 감추기 위해 섬긴다고 말했었습니다.

그런데 지금은 섬긴다는 말로 남에게 대접을 받고 있습니다.

요압이 그렇습니다.

어쩌면 우리도 그렇습니다.

변질된 겁니다.

요압이 아브넬을 살해했다는 소식은 다윗에게 충격이었습니다. 아까운 사람이 죽어서가 아니라 이스라엘 사람들로 부터 정치적인 협상을 가져온 사신을 죽인 겁니다. 아브넬로 인하여 겨우 이스라엘 사람들과 베냐민 사람들의 오해를 희석시켰었는데... 그리고 유다와 이스라엘을 통일시킬 수 있는 기회를 만들었는데... 다윗의 머릿속에는 이 사건으로 일어날 일들을 생각하지 않을 수 없었습니다. 아브넬이 살해됨은 또 다시 분열을 가져오게 되어 있기 때문입니다. 너무 원통했습니다. 도무지 참을 수가 없었습니다. 그래서 다윗은 요압을 향해 저주를 퍼부었습니다.

"이 망할 놈아! 네가 일을 망치냐 이 놈아! 온 세상이 아브넬의 죽음이 다윗에게서 나온 것이라고 말할 것을 모르냐 이 놈아! 니가 대답해라 이 놈아! 이건 나 다윗이 한 것이 아니라고! 하나님이 아신다 이 놈아! 이 일은 내가 한 게 아님을 하나님이 아신다고!"

다윗은 소리 지르며 요압을 원망했습니다. 그런데 그의 입에서 듣기 거북한 저주가 흘러나왔답니다.

"이 망할 놈아! 아브넬의 피 값을 네가 다 받아라! 네 놈 집안에 온전한 놈이 있을 줄 아냐? 절대 그렇지 않을 것이다. 네 집안 놈들은 하나같이 성병에 걸려 버려라! 문둥병이나 걸려라! 병 걸려 지팡이나 의지하고 다니거나 칼에 맞아 죽거나 굶어 죽는 놈들 되거라! 네 집안은 저주 받은 집안이니라. 이 놈아!"

『그 죄가 요압의 머리와 그 아비의 온 집으로 돌아갈지어다 또 요압의 집에서 백탁 병자나 문둥병자나 지팡이를 의지하는 자나 칼에 죽는 자나 양식이 핍절한 자가 끊어지지 아니할지로다 하니라』(:29)

듣기가 민망했습니다. 쏟아 붓는 다윗의 저주는 요압은 물론 다른 사람까지도 섬뜩하게 하는 저주였습니다. 아니 그렇게 인내심이 많은 다윗의 입에서 그런 저주의 말이 나온다는 것이 이상할 정도였습니다. 다윗은 정말로 화가 나 있었는가 봅니다. 다윗의 저주... 다윗이 그 일을 얼마나 중요하게 생각하고 기대하고 있었는지를 말하고 있는 겁니다. 그 중요한 일을 요압이란 조카가 동생의 죽음에 대한 감정으로 망친 것을 생각하니 답답하고 원통했던 겁니다.

『요압과 그 동생 아비새가 아브넬을 죽인 것은 저가 기브온 전쟁에서 자기 동생 아사헬을 죽인 까닭이었더라』(:30)

마음을 다스리지 못하면 큰일을 그르치게 됩니다.

요압은 마음을 다스리지 못했습니다.

동생의 죽음에 집착하여 나라를 얻는 일을 그르친 사람입니다.

마음을 다스린다는 것, 그렇게 만만한 일이 아닙니다.

아니 인간의 본성으로는 마음을 다스리는 것이 불가능합니다.

혹 주변에 마음을 잘 다스리는 사람이 있어서

대단해 보일 수도 있습니다.

그러나 마음을 잘 다스리기 위해

남보다 더 인내를 하고 있을 뿐입니다.

그 인내가 나보다 낫기에 훌륭해 보일 뿐입니다.

도토리 키 재기입니다.

마음을 다스리는 유일한 방법은 극기(克己)와 인내(忍耐)가 아니라

성령의 지배를 받는 것입니다.

성령의 지배를 받으면 나의 노력이 아니라

하늘에서 내리는 능력으로 마음이 다스려지기 때문입니다.

마음을 다스리려고 하는 것도 중요하지만

마음이 다스려 지도록 성령님을 의탁하는 것이

성경적인 원리입니다!

『오직 성령의 충만을 받으라!』(엡 5:18하)

분을 이기지 못하여 일을 낼 것 같을 때면 이렇게 해 보세요.

그 장소를 떠나는 겁니다.

그 장소에만 없으면 화를 낸다 해도, 심한 말을 한다 해도

결정적인 일은 피할 수 있잖아요.

또 하나는 분을 폭발할 시간을 정해 놓는 겁니다.

이틀 후에, 일주일 후에, 한 달 후에...

그 때까진 일단 참고 그때 가서 분을 내겠다는 결심이지요.

세 번째는 노래를 불러 보는 겁니다.

화가 나고 분을 내야 하는 상황에서 노래를 부른다면

마음이 수그러질 겁니다.

마지막으로 그 상황과 사람을 위해 기도하는 겁니다.

일단 기도하고 분을 폭발하겠다고 마음을 먹어 보십시오.

아마 웬만한 분노는 없어질 겁니다.

분노, 잘 못 다스리면 일생을 망칠 수도 있기에

잘 다스리자는 의미에서 생각해 본 말들입니다!

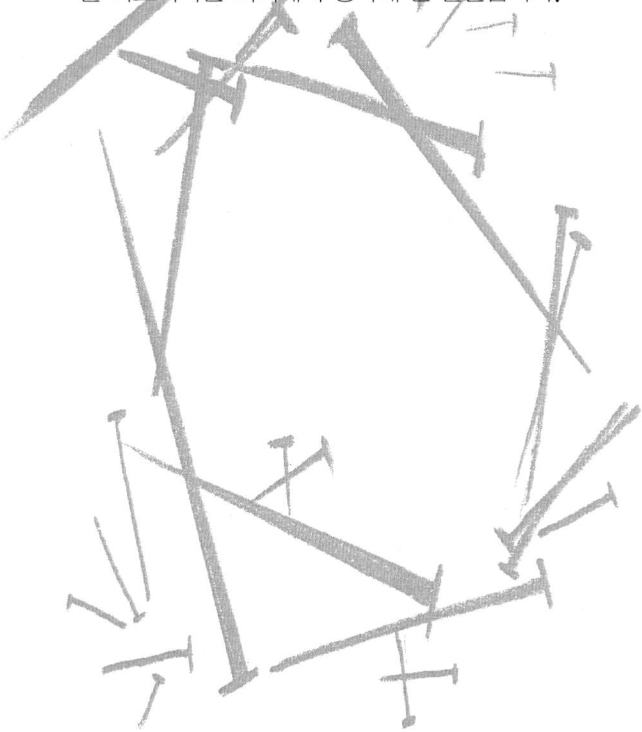

14 삼하 3:31–39

오해를 회복시켜라

문제를 풀어야 했습니다. 이스라엘 모든 사람과 베냐민 사람들이 아브넬의 살해됨으로 인해 다윗에 대한 나쁜 생각을 또다시 하게 되었기 때문입니다. 사람마다 다윗은 사울이 말했던 것처럼 역시 정권 욕심에 눈이 어두운 나쁜 놈이라고 말하는 거였습니다. 지난 수 년 동안 공들여 이미지를 회복해 놓았는데 요압이 망쳐 놓은 겁니다. 다윗은 이 문제를 풀어야 했답니다.

문제를 풀기 위해서는 자세를 낮춰야 합니다. 말로만 내 잘못이 아니었다고 하는 것이 아닙니다. 말로 설득될 문제가 아니었습니다. 그렇기에 다윗은 몸과 행동으로 진실을 알아주길 애원하며 얽힌 문제를 풀어갔답니다.

"아브넬이 죽었다! 모두들 상복(喪服)으로 갈아입어라. 그는 이스라엘을 위해 일하다가 억울하게 죽은 자니라. 그는 이 땅의 영웅 중의 영웅이었느니라. 모든 대소신료(大小臣僚)들은 아브넬의 죽음에 큰 애도(哀悼)를 표할지니라."

자기의 모든 사람들에게 아브넬의 죽음을 애도(哀悼)하게 했습니다. 그렇다고 그것으로 그친 것이 아닙니다. 다윗 자신이 권력자의 옷을 벗었습니다. 사죄(赦罪)를 위하여 아브넬의 상여 행렬에 섰습니다. 권력자 다윗이 상여를 따라가면서 통곡하며 우는 것입니다. 상여 행렬 중에 통곡 한 것만이 아닙니다. 아브넬의 시신이 안장된 무덤 앞에서 통곡을 하면서 울었습니다. 모든 사람... 이스라엘 사람도 베냐민 사람도, 유다 사람도 보고 있었습니다.

『다윗이 요압과 및 자기와 함께 있는 모든 백성에게 이르되 너희는 옷을 찢고 굵은 베를 띠고 아브넬 앞에서 애통하라 하니라 다윗 왕이 상여를 따라가서 아브넬을 헤브론에 장사하고 아브넬의 무덤에서 소리를 높여 울고 백성도 다 우니라』(:31-32)

애도의 시(詩)를 지어 무덤 앞에서 읊었습니다.

"이런 일이 있을 수 있느냐? 이 백성의 영웅이 죽었느니라. 악한 놈이 영웅을 몰라보고 미련한 짓을 했느니! 아브넬이여, 어찌 그리 허망하게 갈 수 있는가!"

『아브넬의 죽음이 어찌하여 미련한 자의 죽음 같은고 네 손이 결박되지 아니하였고 네 발이 착고에 채이지 아니하였거늘 불의한 자식의 앞에 엎드러짐같이 네가 엎드러졌도다』(:33하-:34)

"전하, 이제 일어나소서. 아랫것들이 보고 있나이다. 이제 일어나셔도 되겠나이다. 많은 시간이 흘렀나이다. 아브넬을 위한 전하의 애도 시간이 충분하였나이다. 이제 일어나 음식을 드시고 옥체를 보존하심이 옳은 줄 아옵니다." 신하들의 충정어린 말이었습니다.

"내 해가 지기 전에는 음식을 먹을 수 없느니. 천하의 장수 아브넬이 죽었는데 내 어찌 음식을 먹을 수 있으랴! 내가 해지기 전에 음식을 먹으면 하나님이 내게 벌 내리심이 마땅치 아니하겠는가!" 다윗의 대답이었습니다.

이스라엘 백성중 어떤 이들은 아브넬 죽음을 따라가는 다윗의 행위를 쇼라고 말하면서 비웃었었습니다. 그런데 잠시 울음과 애도의 노래를 부르고 일어날 줄 알았던 권력자가 수 시간이 지나도, 아니 황혼이 다가와도 일어날 줄 모릅니다. 하루 종일 음식도 먹지 않습니다. 신하들이 권했습니다. 그러나 다윗은 먹지 않았던 것입니다.

『석양에 뭇 백성이 나아와 다윗에게 음식을 권하니 다윗이 맹세하여 가로되 내가 해지기 전에 떡이나 다른 것을 맛보면 하나님이 내게 벌 위에 벌을 내리

심이 마땅하니라 하매』(:35)

낮아짐.

진실을 밝히기 위해서는 낮아져야 합니다.

진실이 체면보다 중요하기 때문입니다.

아니 진실을 가지고 있는 사람은

그 진실의 가치를 알기에

체면이라는 것에 노예가 되지 않는 법입니다.

진실의 가치를 위해 낮아짐은

사람을 감동시킵니다.

그리고 진실을 위한 한 사람의 낮아짐은

많은 사람들을 감동시킵니다. 기쁨을 가져다줍니다.

『온 백성이 보고 기뻐하며…』(:36상)

그리고 진리를 위해 낮아진 사람을 신뢰하기 시작합니다.

『왕이 무슨 일을 하든지 무리가 다 기뻐하므로…』(:36하)

진실은 물질보다도 가치 있는 것이고

진실은 시간보다도 귀중한 것입니다.

진실은 생명보다도 귀한 거랍니다.

진실을 위해 일생을 헌신한 사람이 행복한 사람입니다.

진실.

하나님의 말씀은 진실입니다.

변함도 꾸밈도 없는 진실입니다.

이 말씀에 헌신해 보시지 않으시겠습니까?

왕의 진실 어린 마음의 행동은 유다 백성들은 물론이고 베냐민 그리고 이스라엘 온 백성들에게 감동을 주었답니다. 그리고 그 감동은 다윗에 대한 오해를 잠식시켰답니다. 백성들은 삼삼오오 모여서 말했습니다.

"아브넬이 죽은 것은 아깝지만 그게 다윗이 죽이라고 한 게 아니여! 요압이란 놈이 지 맘대로 죽였다고 하는데 그도 말 들어 보니깐 일리가 있더구먼! 아, 아브넬이 자기 동생 죽인 것으로 인해 마음 아팠다가 분에 못 이겨 원수 갚은 거라네 그려!"

누군가가 또 말했습니다.

"다윗은 아니여! 다윗은 진정으로 아브넬을 아꼈더구먼! 아, 지난 몇 년간 한 일을 보면 모르겠남? 다윗 그 사람은 괜찮은 사람이여!"

다윗에 대한 오해들이 백성들에게서 회복되고 있었습니다. 그리고는 백성을 향해서 애도의 메시지를 보냈습니다.

"아브넬의 죽음은 나라의 큰 별이 떨어진 것이니라..."

『왕이 그 신복에게 이르되 오늘 이스라엘의 방백이요 또는 대인이 죽은 것을 알지 못하느냐』(:38)

망가진 사건을 회복했습니다만 다윗은 많이 지쳤습니다. 주변 사람들이 돕는 자인지 망치는 자인지... 마음대로 되지 않기 때문이었습니다. 더욱이 요압이란 인물... 힘 가진 사람... 앞으로 이런 일들이 얼마나 또 있을지 알 수 없었습니다. 그래서 마음이 무거웠답니다. 다윗은 자신의 부담감을 하나님께 솔직하게 아룁니다.

『내가 기름 부음을 받은 왕이 되었으나 오늘날 약하여서 스루야의 아들인 이 사람들을 제어하기가 너무 어려우니 여호와는 악행한 자에게 그 악한 대로 갚으실지로다』(:39)

우리에게도 버겁고 부담스러운 사람이 있습니다.
관계가 없는 사람이 아니라 늘 만나야 하는 사람입니다.
함께 의논해야 하는 사람입니다.
식사도 해야 하고 끊임없이 함께 있어야 하는 사람입니다.
그런데 마음이 통하고 이해가 되며 사랑하는 관계이면 좋은데
정말 마음에 부담이 된단 말입니다.
더 큰 부담은, 그 사람이 부담은 되지만
일은 또 잘하고 있다는 겁니다.
그것이 우리를 힘들게 만듭니다.
그 사람만 없으면
숨을 쉴 수 있을 것 같습니다.

성경은 다윗이 주인공이 되어서 지도자로 활동하고 있는 것을
기록하고 있습니다만 그런데 다윗의 마음에
요압은 너무나 부담스러운 존재였습니다.
정말 요압만 없으면... 하는 생각이 간절했습니다.
『이 사람들(요압, 아비새)을 제어하기가 너무 어려우니...』(:39중)

누구에게나 부담되는 사람이 있습니다.
어쩌면 그 사람이 내게 지워진 십자가일 수도 있습니다.
어쩌면 그 부담되는 사람 때문에 하나님께 가까이 갈 수 있습니다.
그 부담되는 사람으로 인하여
나의 영혼의 때가 벗겨지기도 한답니다.
하나님을 향하여 울기도 한답니다.
말씀을 읽고 찬송을 부르기도 한답니다.
그 부담스런 사람 때문에 나의 영혼이 소생한답니다.
부담되는 사람, 너무 어려운 사람
그 사람 때문에 다윗과 같은 아픔이 있으시지요?
다윗처럼 하나님께 기도해 보지 않으시겠습니까?
『여호와는 악행 하는 자에게 그 악한 대로 갚으실지로다!』(:39하)
라고.

스루야의 아들들은 뛰어난 전사였습니다.
정치적으로는 오랫동안 다윗을 도왔습니다.
그러나 저들은 다윗의 영혼에 대해서는
아무 것도 이해하지 못했습니다.
단지 저들의 관심은 정복과 힘, 그리고 권력에 있었습니다.
오직 한 평생을 성공자로 살아야겠다는 일념(一念)이었습니다.
우린 주인 되신 예수님의 마음을 헤아리고 있는지요?
주님의 마음을 외면한 채
다른 것을 손에 쥐려고 동분서주 하는 건 아닌지요?
주님께서 기뻐하시는 사람 되자구요!

⓯ 삼하 4:1-12
무너지는 마하나임 정부

아브넬의 죽음은 이스보셋의 통치를 우왕좌왕(右往左往)하게 만들었습니다. 아브넬은 이스보셋에게 큰 소리를 치면서 이스보셋을 힘들게 했던 사람입니다. 어떤 면으로 아브넬이 없었으면 하는 생각도 들곤 했었습니다. 그러나 아브넬이 있음으로 해서 그나마 임시 정부가 활동할 수 있었음은 부인할 수 없는 사실이었습니다. 아브넬의 죽음은 단순한 「그에 대한 부담감으로의 해방」이 아니라 「이스보셋과 임시 정부의 흔들림」이 되었답니다.

『이스보셋이 아브넬의 헤브론에서 죽었다 함을 듣고 손 맥(脈)이 풀렸고 온 이스라엘이 놀라니라』(:1)

사람을 의지하지 마세요.

의지한 사람으로 인해 덕을 볼 때도 있습니다만

그것도 부담으로 남는답니다.

의지했던 사람이 없어지면 얼마나 공허한지요.

이래도 저래도 부담인 사람을 의지하지 말자구요.

변함도 없고 늘 풍성하신 주님을 의지하는 겁니다.

물질, 힘, 지식, 어떤 것도 의지하지 마세요.

그런 것 없어지고 나면 손맥이 풀린답니다.

여호와의 이름을 의지 하는 것입니다!

그런 사람을 하나님의 백성이라고 한답니다.

아브넬도 그랬었지만 일찍부터 마하나임 임시 정부의 중심 요원들은 이스보셋을 신뢰하지도 않았고 왕으로 인정하지도 않았었습니다. 단지 백성들의 눈을 가리고 입을 틀어막기 위한 홍보용으로 그를 왕이라고 내세운 거였죠. 따라서 임시 정부 요원들 대부분은 이스보셋을 우습게 알던 사람들이었습니다. 아니 오히려 얼간이로 취급하였답니다. 게다가 이들은 아브넬이 죽기 직전에 무슨 일을 꾸미고 있었는지도 알고 있었던 사람들이었습니다. 아브넬이 다윗과 손을 잡기 위해 대사(大事)를 꾸미고 있었던 일 말입니다. 그런데 자신들의 주군(主君) 아브넬이 죽은 것입니다. 그래서 이들도 중심을 잃었답니다.

처음에 아브넬이 살해된 것의 배후에 다윗이 있었는 줄 알았는데 그 사건은 요압의 단독 범행이라는 것이 분명해지자 사람들은 아브넬의 계획했던 대로 다윗과 손을 잡아도 무리가 없을 거라는 생각을 하였지요. 마음이 다윗에게로 자꾸만 끌리게 되었습니다. 오히려 다윗을 믿을만하다고 다윗에게 충성을 할 가치가 있다고 판단하기 시작한 것이지요.

그러던 가운데 아브넬 아래서 중요한 요직(要職)을 맡았던 바아나와 레갑이라는 두 형제가 자신들의 장래를 위해(?) 다윗에게 충성과 헌신을 보이는 행동을 계획했습니다. 마하나임 임시 정부의 수장인 이스보셋 살해 계획이었습니다. 다윗에게 빈손으로 갈 수가 없다는 생각에 큰 공 세울 것을 계획한 것입니다.

다윗이 얼마 후엔 천하를 통일할 것 같은데 그때 권력을 얻기 위한 치밀한 계산이었습니다. (이들은 아니, 임시 정부 요원 누구나가 생각하기를 다윗은 이스보셋이 사라지기를 바란다고 생각한 것 같습니다.) 다윗의 마음에 시원함을 줄 계획, 이스보셋의 머리를 베어 다윗에게 갖다가 바치면 다윗은 흐뭇하게 생각할 것이고 다윗의 세상이 올 때 일등 공신(功臣)으로 인정받게 될 것이라는 계산이었겠죠.

레갑과 바아나 형제는 이스보셋의 목을 자르는 날(D-day)을 잡았습니다. 그리고 그 날 중 가장 더운 시간을 택했습니다. 모두가 낮잠 자는 시간을 택했습니다. 이스보셋이 자는 시간에 변장을 하여 침실에 자연스럽게 들어가 자고 있는 이스보셋의 목을 치는 계획을 꾸민 것입니다. 장래를 위

해, 출세를 위해

레갑과 바아나가 자신들의 미래를 위해 선택한 암살 계획은
목적 달성을 위한 최고의 방책이었고 지름길이었습니다.
혼란 속의 불투명한 미래가
이들의 선택을 이렇게 하도록 한 거지요.
잘못된 선택이 분명합니다.
올바르지 않은 선택이 분명합니다.

우리의 선택은 어떤가요?
미래를 위한 계획으로, 가정과 자녀를 위한 책임 때문에
우리도 무엇을 선택하고 있답니다.
바아사와 레갑 같은 잔인한 살인은 아닙니다.
그러나 하나님께서 금(禁)하신 것들을
얼마나 많이 선택하고 있는지요.
단지 타인에게 잔인하게 여겨지지 않을 뿐이지
하나님의 뜻을 거스리는 것은 마찬가지인 것이
많이 있다는 것입니다.

레갑과 바아나가 살인이라는 것을 좋아서 선택한 것이 아닙니다.
미래와 가정, 자녀를 위한 부득이한 선택이었습니다.
그러나 그 선택은 하나님의 뜻을 알면서도 거역한
이기주의적이고 인간적인 선택이었습니다.

믿음이 없는 사람...

레갑과 바아나와 같은 선택을 할 수밖에 없지요.

그러나 믿음의 사람은 그런 선택을 하지 않습니다.

옳은 것을 선택합니다.

그 옳은 선택을 하면 하나님이 도우실 것을 신뢰하기 때문입니다.

하나님이 책임지실 수 있는 선택을 하는 것이

성도가 해야 할 선택입니다.

이것을 믿음이라고 합니다.

그 날이 되었습니다. 땡볕을 가리기 위해 밀짚모자를 준비하고 농사 일을 하는 것처럼 만반의 준비를 하였습니다. 누가 물어보면 빈 수레를 보이면서 이스보셋의 집에 밀을 가지러 간다고 말할 것도 준비했습니다.

이스보셋의 집은 조용했습니다. 대다수는 여느 때처럼 잠을 자고 있는 것 같았습니다. 생각보다 일이 쉽게 될 것 같은 기분 좋은 느낌이 옵니다. 둘은 이스보셋의 방으로 갔습니다. 이스보셋은 사람이 들어와도 전혀 눈치를 채지 못하고 곯아 떨어져 있었습니다. 바아사와 레갑은 좌우를 조심스럽게 둘러보면서 품속에 넣어온 칼을 꺼냈습니다. 그래도 왕인데 죽이려 하니 겁이 나기도 했습니다만... 형제 중 하나가 자고 있는 이스보셋의 배를 향해 칼을 쳐들었습니다. 그러더니 사정없이 내려 찔렀습니다. 칼이 배를 뚫고 들어가자 이스보셋의 눈이 떠집니다. 그러나 아무런 소리도 내지 못하고 힘없는 신음 소리를 내면서 고개를 떨구고 말았습니다. 두 형제는 가슴이 뛰었지만... 일... 끝났습니다.

서둘렀습니다. 이스보셋의 몸에 꽂힌 칼을 뽑아들어 이스보셋의 목을 쳤습니다. 목이 잘렸습니다. 잘려진 목에서는 피가 솟아 흘렀고 머리 부분은 피로 범벅되어 바닥에 굴렀습니다. 뒹구는 머리 부분의 머리카락을 잡아들고 준비해 온 자루에 넣었습니다. 피 묻은 칼을 바닥에 버리고 허둥대면서 집 밖으로 나왔습니다. 밖은 여전히 땡볕이었습니다. 여전히 조용합니다. 이스라엘의 회복과 사울 집안의 회복을 위해 세워진 임시 정부가 완전히 무너지는 시간에 모든 사람은 낮잠을 자고 있었답니다.

『브에롯 사람 림몬의 아들 레갑과 바아나가 행하여 볕이 쬘 때 즈음에 이스보셋의 집에 이르니 마침 저가 낮잠을 자는지라 레갑과 그 형제 바아나가 밀을 가지러 온 체하고 집 가운데로 들어가서 그 배를 찌르고 도망하였더라』(:5-6)

레갑과 바아나는 정신없이 마하나임을 빠져나와 미리 계획한 대로 헤브론에 있는 다윗에게로 향했습니다. 사람들에게 들킬까봐 두려워서 요단강을 건너는 길을 피하기로 했습니다. 좀 멀더라도 이스라엘 사람들의 눈을 피하는 아라바 광야 길로 우회해서 헤브론에 가기로 했습니다. 밤새껏 뛰기도 하고 걷기도 하고... 온 몸이 땀에 젖었답니다. 사람을 피해 두려움을 피해 다윗에게 가기 위해서 말입니다. 출세를 보장받으러 말입니다. 잘려진 이스보셋의 머리를 가지고.

밤새껏 한잠도 자지 않고 달려 온 두 형제는 헤브론에 이르자 안심이 되었습니다. 아침에 만난 사람들에게 다윗이 있는 곳을 물었습니다. 한 손에는 이스보셋의 머리가 들은 자루를 움켜쥐고서... 출세를 보장해 줄 자루였거든요. 자루는 흐른 피가 먼지와 엉겨져 굳었는지 들러붙어 뻣뻣했습니다.

『저희가 집에 들어가니 이스보셋이 침실에서 상 위에 누웠는지라 저를 쳐 죽이고 목을 베어 그 머리를 가지고 밤새도록 아라바 길로 행하여 헤브론에 이르러』(:7-8)

이른 아침 두 형제는 성문 앞에서 다윗을 만나겠다고 문지기와 실랑이를 했습니다. 문지기는 허락하지 않았습니다. 그러자 레갑과 바아나는 문지기 앞에서 이스보셋의 머리가 들은 자루를 열어 보였습니다. 머리가 자루에 달라붙어서 문지기에게 보이는 것이 쉽지 않았습니다만...

"이스보셋의 머리요. 우리가 그를 죽였소. 다윗께 드리려 하오!"

문지기는 놀란 표정으로 이들을 다윗 에게 안내했습니다. 다윗에게 인도되어 그 앞에 선 두 사람은 자신 만만한 표정과 늠름한 자태를 만들면서 정중하게 무릎을 꿇었습니다. 그리고 피로 물든 자루를 앞에 내놓고 말했습니다.

"전하, 마하나임에서 온 바아나와 레갑입니다. 전하의 이름을 찬양합니다. 오늘 저희들이 전하의 생명을 노리던 이스보셋의 머리를 가지고 왔나이다. 이젠 더 이상 사울 집안으로 인하여 마음 쓰실 필요가 없으시니이다. 여호와께서 저희 손을 통해 전하의 원수를 완전히 갚으신 것이옵니다!"

『왕의 생명을 해하려 하던 원수 사울의 아들 이스보셋의 머리가 여기 있나이다 여호와께서 오늘 우리 주(主)되신 왕의 원수를 사울과 그 자손에게 갚으셨나이다』(:8)

잘못된 신학적 해석.
『여호와께서... 왕의 원수를 사울과 그 자손에게 갚으셨나이다』(:8하)
레갑과 바아나가 자신들의 이스보셋 살해 사건에 대한 해석입니다.
하나님께서 자신들을 통하여
다윗의 원수 갚는 일을 하셨다는 말이지요.
표면적으로는 그렇게 볼 수도 있습니다.
정말 그럴까요?
아닙니다.
이들은 하나님의 뜻이나 명령에 따라
이스보셋을 죽인 것이 아닙니다.
순전히 자신들의 생존과 미래를 위해 행한 일입니다.
그런 본래적 의도는 숨기고
자신들을 포장하기 위하여 해석을 경건하게 하고 있는 것입니다.

우리들도 그럴 때가 있습니다.
자신의 뜻을 이루기 위해 행한 일임에도 사람들 앞에서는
하나님께서 하셨다고... 하나님이 기뻐하는 일이라고...

해석을 거룩하게 포장합니다.

자신의 인기와 야망 성취를 위해 일하면서 하나님의 뜻이라고

신학적 해석으로 협박합니다.

솔직하지 않습니다.

잘못된 신학적 해석은 죄입니다.

『스스로 속이지 말라

하나님은 만홀(慢忽)히 여김을 받지 아니하시나니』(갈 6:7)

레갑과 바아나의 「가증스런 신학적 해석」에 다윗은 속지 않았습니다. 언제나 하나님 하신 일에 기준 삼고 있던 다윗에게 이런 가증스런 해석이 먹혀 들어가지 않았습니다. 흑심(黑心)을 다윗이 알고 있었죠. 칭찬과 상을 받을 줄 기대하면서 이스보셋의 머리를 내놓고 자신들의 일을 자랑하는 레갑과 바아나에게 다윗은 이렇게 말했답니다.

"이 놈들, 미친놈들 아니냐. 하나님께서 너희들에게 내 원수 갚을 기회를 주셨다고? 야, 이놈들아! 사울 왕께서 죽었을 때도 어떤 놈이 너희 같은 악한 보고를 하기에 내 그 놈의 목을 쳤건만 하나님께서 너희 놈들에게 죄 없는 이스보셋을 죽이라고 하셔? 그것도 낮잠 자고 있는 사람을 죽여? 이 악한 놈들아! 너희는 의인을 죽인거야 이 놈들아! 너희 같은 놈들은 그 피 값을 받아야 하느니라!"

『내 생명을 여러 환난 가운데서 건지신 여호와의 사심을 가리켜 맹세하노니 전에 사람이 내게 고하기를 사울이 죽었다 하며 좋은 소식을 전하는 줄로 생각하였어도 내가 저를 잡아 시글락에서 죽여서 그것으로 그 기별의 갚음을 삼

았거든 하물며 악인이 의인을 그 집 침상 위에서 죽인 것이겠느냐 그런즉 내 가 저의 피 흘린 죄를 너희에게 갚아서 너희를 이 땅에서 없이 하지 아니하겠느냐』(:9하-11)

화가 난 다윗은 신하를 시켜 두 형제를 그 자리에서 쳐 죽이게 했습니다. 그리고 저들의 손과 발을 잘라서 헤브론 한 쪽에 있는 연못 한 구석에 매달게 했답니다. 사람들로 하여금 이스보셋의 죽음을 다윗이 좋아하지 않고 있음을 보여주는 행위였습니다. 그것을 더 확실히 하기 위해 레갑과 바아나가 가지고 온 이스보셋의 머리를 아브넬이 묻혀있는 무덤에 장사 지내 주었답니다. 다윗은 그렇게 해야 이스보셋과 사울 왕의 가문을 따르고 있는 사람들의 마음을 살 수 있다는 것을 알고 있었던 것이지요.

배신자는 또 배신할 가능성이 많습니다.
레갑과 바아나는 간신(姦臣)입니다.
자신의 출세를 위해서
여기 붙었다 저기 붙었다 하는 간신입니다.
옳고 그른 것 때문에 사는 것이 아니라
출세를 위해 사는 사람입니다.
이들이 다윗에게 온 것도 그런 이유에서였지요.
이런 사람... 만일 훗날 다윗이 약해지면
자신의 출세를 위해 또 강한 자에게로 갈 사람들입니다.
배신자는 또 배신할 가능성이 많습니다.

레갑과 바아나처럼 살지 맙시다.

주님의 몸 된 교회 섬기는 것도 지조가 있어야 합니다.

주님이 주신 사랑에 감사하는 마음으로 해야 하는 것입니다.

4절 말씀이 독특합니다.

『사울의 아들 요나단에게 절뚝발이 아들 하나가 있으니 이름은 므비보셋이라 전에 사울과 요나단의 죽은 소식이 이스르엘에서 올 때에 그 나이 다섯 살이었는데 그 유모가 안고 도망하더니 급히 도망하므로 아이가 떨어져 절게 되었더라』

이스보셋의 죽음 기사가 기술(記述)되는 중인데 갑자기 사울의 손자 요나단의 아들인 므비보셋의 이야기가 불쑥 기록되어 있기 때문입니다. 기록자의 실수일까요? 이유가 있답니다.

이 말씀이 여기 기록된 이유는 이스보셋이 죽으면 사울의 가문에는 더 이상 왕이 될 후손이 없다는 것을 암시하기 위함입니다. 므비보셋이 있습니다만 므비보셋은 불행하게도 왕이 될 수 없게 되어 있음을 독자들에게 알려 주고 있습니다. 장애자이기 때문입니다. 당시에는 장애자가 왕이 될 수 없었습니다. 그러므로 이스보셋이 죽게 되면 다윗이 왕이 될 터인데 다윗의 왕 됨은 사울 집안에 왕 될 사람이 있음에도 불구하고 그들을 짓밟고 왕이 된 것이 「아님」을 말하고 있는 거랍니다.

〉〉 두 번째 이야기 삼하 5-10장

정상에 선 사람

이스보셋이 임시 정부의 왕이 된 지 2년 만에 피살되어 죽었습니다. 이스라엘과 베냐민 지파 사람들은 그나마 희미한 불빛마저 잃어버린 것입니다. 아무도 없습니다. 반면에 유다 족속은 다윗을 중심으로 왕성해지고 있었을 뿐만 아니라 태평성대를 누리고 있었답니다. 아니 다윗은 유다 지파에게 인정받는 것은 물론이고 블레셋 왕에게도 신임을 얻어 실질적 왕과 같은 권력을 소유하고 있었던 거지요. 그러나 다윗은 권력이 있음에도 불구하고 사울처럼 거들먹거리거나 주민을 고통스럽게 하지는 않았습니다. 게다가 블레셋의 그늘 아래 있는 것 같은데 [illegible] 도 실질적으로는 블레셋의 똘마니 노릇을 하는 것 같지도 않았구요. 적어도 다윗을 지켜 본 사람들은이상하게생각했답니다. 몇 년이 흘러갔습니다만 다윗은 정말로 괜찮은 사람이었습니다. 이스라엘의 대표자들인 장로들과 지파의 어른들이 모였습니다. 이스라엘 민족을 위한 지도자가 없음으로 인해 혼란스러움을 해결하기 위해 가진 모임입니다. 왕이 없이 이렇게 계속 지낼 수는 없고 누군가를 택해서 왕을 삼아야 한다는 의견으로 일치되었기에 모인 것입니다. 그러나 누구를 왕으로 삼

❶ 삼하 5:1-5
다윗을 왕으로 모셔라

이스보셋이 임시 정부의 왕이 된 지 2년 만에 피살되어 죽었습니다. 이스라엘과 베냐민 지파 사람들은 그나마 희미한 불빛마저 잃어버린 것입니다. 아무도 없습니다. 반면에 유다 족속은 다윗을 중심으로 왕성해지고 있었을 뿐만 아니라 태평성대를 누리고 있었답니다. 아니 다윗은 유다 지파에게 인정받는 것은 물론이고 블레셋 왕에게도 신임을 얻어 실질적 왕과 같은 권력을 소유하고 있었던 거지요. 그러나 다윗은 권력이 있음에도 불구하고 사울처럼 거들먹거리거나 주민을 고통스럽게 하지는 않았습니다. 게다가 블레셋의 그늘 아래 있는 것 같은데도 실질적으로는 블레셋의 똘마니 노릇을 하는 것 같지도 않았구요. 적어도 다윗을 지켜 본 사람들은 그렇게 느꼈습니다. 사람들은 이상하게 생각했답니다. 몇 년이 흘러갔습니다만 다윗은 정말로 괜찮은 사람이었습니다.

이스라엘의 대표자들인 장로들과 지파의 어른들이 모였습니다. 이스라엘 민족을 위한 지도자가 없음으로 인해 혼란스러움을 해결하기 위해 가진 모임입니다. 왕이 없이 이렇게 계속 지낼 수는 없고 누군가를 택해서 왕을 삼아야 한다는 의견으로 일치되었기에 모인 것입니다. 그러나 누구를 왕으로 삼아야 하는가 하는 문제가 쉽지 않았습니다. 사울의 집안에는 아무도 없었거든요.

긴 침묵 중에 누군가가 다윗을 거론했습니다. 그러면서 그에 대해서 자세히 설명하고 있습니다. 그런데 의외(意外)로 모인 사람들은 놀라지 않았습니다. 대부분의 장로들과 지파의 대표들은 적극적이지는 않았지만 은근히 그러기를 바라는 눈치들이었습니다. 아니 속으로는 다윗을 왕으로 결정하기를 기다리고 있는 것 같았습니다. 단지 다윗이 표면적으로는 블레셋과 연결되어 있기에 강하게 추천을 못하는 것뿐이었죠. 어떤 장로가 슬그머니 다른 사람을 추천해 보지만 대부분 이런 저런 구실을 붙여서 타당하지 않다고 합니다. 단지 다윗만한 사람이 없다는 쪽으로 중심이 모아지는 거였습니다. 긴 시간 의견이 오가면서 장로들은 서로서로가 못이기는 척하면서... 실제로는 좋아하면서... 다윗을 이스라엘의 왕으로 하기로 결정했답니다!

이스라엘 지파의 어른인 장로들이 다윗에게 왕이 되어 달라고 부탁하기 위해 헤브론으로 갔습니다. 30세 중반의 다윗은 자신이 유다의 왕이라는 이유로 찾아온 이스라엘 장로들 앞에서 거들먹거리지 않았습니다. 오히려 몸을 낮췄습니다. 그리고 겸손하고 정중하게 어르신들을 맞이했답니다. 다윗의 융숭한 접대에 놀란 장로들은 서로 의아해 하면서도 기분이 좋았답니다. 그리고 젊은 다윗의 겸손한 태도에 흐뭇해하고 있었습니다. 대접을 잘 받은 장로들은 다윗에게 이렇게 말했습니다.

"다윗 장군! 우린 이스라엘 각 지파의 대표들이요. 열한 지파에서 온 사람들이요. 한 지파도 빠지지 않고 왔수다. 장군도 아시겠지만 원래 우리는 조상 야곱의 후손들이 아니겠습니까? 열둘이었습니다. 그런데 지금은 불행하게도 한 지파가 빠져 있습니다. 우리 조상께서 이 일을 아시면 얼마나 섭섭해 하시겠습니까? 우리는 다시 뭉쳐야 합니다. 열두 지파가 다시 하나가 되어 야곱, 아니 이스라엘이라는 이름 아래서 하나님을 섬겨야 합니다. 그래서 장군께 온 것입니다. 유다 지파가 빠져 있기에 말입니다!"

다윗은 아무 말도 하지 않고 있었습니다. 이스라엘에서 온 장로들은 계속해서 말을 이었습니다.

"장군, 이제 유다 지파도 합류하시는 것이 어떻겠습니까?. 우리는 한 형제입니다! 그리고 장군께서 이스라엘을 다스려 주십시오. 사울 왕이 나라를 다스릴 때도 장군께서는 백성들과 가까이 지내셨고 또 사무엘 선지자를 통해 하나님께서 장군을 이스라엘 통치자로 기름부으셨다는 소리도 들었습니다. 이제 때가 되었다고 생각하니 유다뿐만 아니라 이스라엘 전체를 다스려 하나님 섬기는 나라로 만드소서. 이것이 우리 열한 지파들의 의견이나이다."

『보소서 우리는 왕의 골육이니이다. 전일 곧 사울이 우리의 왕이 되었을 때에도 이스라엘을 거느려 출입하게 한 자는 왕이시었고 여호와께서도 왕에게 말씀하시기를 네가 내 백성 이스라엘의 목자가 되며 이스라엘의 주권자가 되리라 하셨나이다』(:1하-:2)

장로들은 다윗을 왕으로 삼겠다고, 아니 왕이 되어 달라고 부탁하는 것입니다. 다윗은 서두르지 않았습니다. 아주 침착하게 장로들과 이야기했습니다. 그리고 진정 자신을 왕으로 추대할 것이고 통치하는 데 협력을 하겠느냐고 진지하게 물었답니다. 왜냐하면 이스라엘 사람들은 사울 당시 사울을 도와 다윗을 미워하고 추적했던 사람들이기 때문입니다. 배신하지 않도록 하기 위한 확답을 얻어내고 있었습니다. 언약을 세우고 있는 것이지요. 다윗은 이스라엘 장로들에게 약속을 받았고 굳게 다짐도 받았답니다. 그런 후에 왕이 되기로 허락했습니다. 통일 정부가 세워지고 있는 역사적인 순간이었습니다.

『이에... 다윗 왕이 헤브론에서 여호와 앞에서 저희와 언약을 세우매 저희가

다윗에게 기름을 부어 이스라엘 왕을 삼으니라』(:3)

왕... 되고 싶었을 겁니다.

권력이 어떤 것인지 수 년 동안 겪어 왔기 때문에

더욱 그랬을 겁니다.

말 한 마디에 사람이 움직이는 것을 경험한 다윗입니다.

그리고 힘과 재물, 사람까지 있기에 더더욱 왕이 되고 싶었겠죠.

자신이 가진 능력만으로도 왕 자리 만들 수 있다고

생각했을 것입니다.

그런데 다윗은 『가만히』 있었습니다.

자신이 머리 굴리고 사람 동원하고 힘 동원하여

왕 되려는 마음 갖지 않았습니다.

그렇게 해서 되는 게 아니라는 것을 알고 있었기 때문입니다.

광야학교를 통해서 배웠답니다.

다윗이 왕이 되었습니다.

블레셋의 도움이나 허락을 받아 왕이 된 것이 아닙니다. 이스라엘 사람들이 자진해서 다윗을 왕으로 추대한 것입니다. 이 소문이 블레셋 왕궁에 흘러 들어갔을 텐데... 블레셋의 허락 없이 다윗이 자기 마음대로 왕관을 쓰다 문제가 심상치 않겠다는 생각이 듭니다.

그랬더니 하나님이 그를 왕으로 세우고 계시는 것입니다.

하나님께서 그를 자연스럽게 왕으로 만드신 것입니다.

기다리는 것... 그것이 신앙입니다!

❷ 삼하 5:6-12

다윗 성

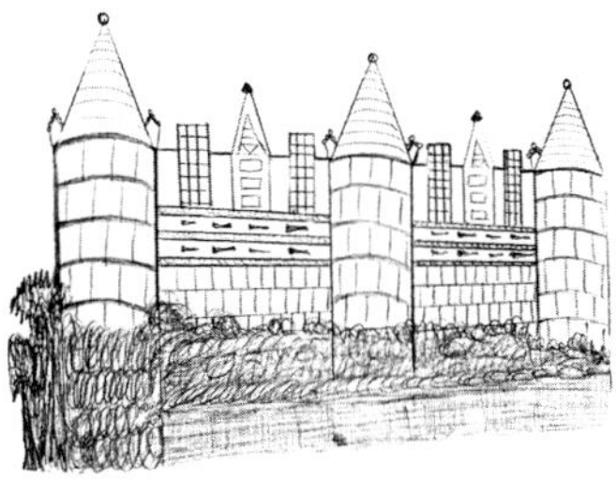

다윗이 이스라엘 통일 왕으로 추인 되었습니다. 유다 땅 헤브론에서 전체를 다스리고 있었습니다만 전국에서 중앙 정부의 위치에 대한 의견들이 대두되기 시작했습니다. 명실상부한 통일 정부인데 남쪽 유다 땅에 자리를 잡고 있는 것이 보기가 좋지 않고 불편하다는 거였고, 통일 왕임에도 불구하고 유다 족속의 왕으로만 비쳐질 수 있다는 거였죠. 틀린 말이 아니었습니다. 그래서 그런지 여러 사람들이 권유 했습니다. 북 이스라엘과 남 유다를 연결시킬 수 있는 중간 지점 요지(要地)를 택하여 도성(都城)을 쌓는 것이 어떠냐고. 중간 지점... 그래서 찾은 곳이 여부스 족속이 살고 있는 예루살렘이었답니다.

이스라엘 도성으로 가장 적당하다고 찾은 땅, 예루살렘...여부스 족속이 수세기 동안 평화롭게 살고 있는 땅입니다. 그런데 여부스 족속이 얼마나 강했는지는 몰라도 수백 년 동안 여부스 족속은 외적의 침입 없이 지내왔습니다.

침입과 정복이 난무한 시대에 여부스 사람이 살고 있는 예루살렘은 침입이 없었고 정복도 없었답니다. 그래서 얻은 별명이 「평화의 도시」라는 거였습니다. 사람들은 그곳을 예루살렘, 평화의 땅이라고 불렀지요. 왜 침입도 정복도 없었을까요? 그만큼 여부스 족속들이 강했기 때문일까요? 그렇지 않습니다.

지형 조건이 난공불락(難攻不落)이기 때문이었습니다. 다윗이 여부스 족속이 살고 있는 예루살렘을 수도로 하기로 결심을 한 이유였답니다. 그리고 동서는 물론 북쪽과 남쪽의 중간이었기에 수도로서는 아주 적격이었거든요.

예루살렘을 통일 왕국의 수도로 삼기 위해 결정한 다윗 정부는 여부스 사람들에게 땅을 팔도록 설득하기도 하고 협박하기도 했습니다. 그러나 여부스 사람들은 끝까지 거부했답니다.

"이스라엘 양반들! 이 땅은 수백 년 동안 우리가 살아 온 땅이요. 그런데 이 땅을 내어 달라니? 말 같지도 않은 말 하지도 마시오!"

여부스 사람들의 말을 듣고 있던 이스라엘의 누군가가 대꾸했습니다.

"이 사람들아, 말 같지도 않은 말 하지도 말게나. 원래 이 땅은 우리 이스라엘의 땅이었어! 그런데 자네들이 슬그머니 들어와 살기 시작한 거 아닌가? 이제 수백 년 동안 살아왔다고 해서 자네들 것인 양 착각하는 모양인데 원상태로 우리의 땅을 돌려달라고 하는 것뿐이야, 이 사람들아!"

여부스 사람들도 가만히 있지 않았습니다.

"우린 그런 거 알 바 아니요. 이 땅은 우리 땅이기에 당신들이 절대로 들어올 수 없소! 만일 이스라엘 사람들이 이 땅을 빼앗으러 온다면 우린 가만히 있지 않을 거요. 우리에겐 비밀스런 방어책이 있다는 걸 소문을 들어 알고 있지 않소? 당신들은 절대로 이 땅을 빼앗지 못할 거요. 괜시리 사람들 목숨이나 빼앗기는 행동을 삼가는 게 좋겠소! 우리 땅을 빼앗으려고 온 수많은 족속들이 있었지만 수백 년 동안 이 땅은 한 번도 침략 당한 적이 없다는 걸 잊지 마시오!"

『왕과 그 종자들이 예루살렘으로 가서 그 땅 거민 여부스 사람을 치려 하매 그 사람들이 다윗에게 말하여 가로되 네가 이리로 들어오지 못하리라 소경과 절뚝발이라도 너를 물리치리라 하니 저희 생각에는 다윗이 이리로 들어오지 못하리라 함이나』(:6)

다윗은 여부스 사람들이 땅을 내놓지 않자 공격하여 빼앗기로 결수수께끼 같은 말입니다.

『그 사람들이 다윗에게 말하여 가로되 네가 이리로 들어오지 못하리라 **소경과 절뚝발이라도** 너를 물리치리라 하니...』(:6)

이 말은 수세기 동안 어느 족속도 여부스 사람들에게 왔다가 이기지 못하고 갔다는 것을 의미합니다. 얼핏 보면 여부스 사람들이 무척이나 강한 군사력을 소유하고 있는 것처럼 느껴지는 말입니다. 그러나 그렇지 않습니다. 이 말에는 이유가 있습니다. 그 해석을 프랑스 신학자 Rabbi Gersonides(1288-1344)라는 분이 풀었습니다.

예루살렘 입구에 기혼이라는 이름의 샘이 있었습니다. 그 샘에 여부스 사람들이 수로(水路) 시설을 연결해 놓았습니다. 그리고 그 수로 시설 끝인 성 입구에 야곱의 절뚝거리는 흉측한 흉상과 (야곱은 얍복 강가에서 천사와 씨름하다가 환도 뼈가 부러진 후 평생을 절뚝거리며 지냈습니다.) 이삭의 눈 어두운 모습의 찌그러진 흉상의 우상을 세워 두었다는 것입니다. (이삭은 자식도 구분 못할 만큼 눈이 좋지 않았습니다.) 이 두 형상 밑에는 지레를 연결해 놓았구요. 따라서 물이 차면 지레가 힘을 받아 움직이곤 한 것이지요. (여부스 사람이 물을 조절했지만) 지레를 받침으로 하고 있던 흉상들은 물의 수위에 따라 움직인 것입니다. (그게 사람들에게는 귀신의 장난처럼 보인 것입니다.)

그런데 그때마다 나는 소리가 있었는데 바람 소리와 함께 지레와 흉상에서 나는 기분 나쁜 소리였습니다. 마치 귀신 소리 같은 거랍니다. 특히 사람들이 침입해 오는 때는 여부스 사람들이 숨어서 아주 불길한 이상한 소리를 낸 것입니다. 이러한 일은 밤에 일어나곤 했습니다. 전쟁은 언제나 밤에 공격하는 법이니까요. 그리고 밤에 몰래 들어오는 사람이 있으면 근무병이 보고 있다가 가끔은 소리 없는 독침으로 은밀히 침입하는 사람들을 죽였을 거랍니다. 그러니 이러한 이유로 인해 겁이 나서 침략을 할 수 없었던 거지요. 마치 귀신의 장난인 줄 알고 어느 족속도 침입을 하지 않은 것이지요. 이것이 여부스 족속이 예루살렘에서 오랫동안 침입을 받지 않은 이유였답니다.

정을 했습니다. 그리고 여부스를 공격할 장수와 부대의 자원(自願)을 독려했습니다. 만만한 싸움이 아닌 것을 안 다윗은 만일 여부스를 공격해서 예루살렘을 얻는다면 그 장수에게 군사권을 주겠다고 약속을 했답니다. 다윗 정부의 제 2인자로 삼겠다는 약속이었죠. 통일 정부의 초대 군대장관이라는 벼슬이 걸려 있는 야심적인 작전이었습니다. 이 작전에 제일 먼저 나선 것이 요압과 그가 통솔하는 부대였답니다.

다윗은 요압에게 그 일을 맡겼습니다. 요압은 믿을만한 사람이었기에 잘 해낼 줄 확신했습니다. 아니나 다를까 요압은 여부스 지역을 세밀히 탐지하고 연구하였고 수백 년 동안 다른 민족들이 왜 정복하지 못했는지에 대한 이유를 발견한 것입니다.

다른 민족이 여부스 땅을 들어가지 못한 것, 여부스 땅은 귀신이 지킨다는 것, 밤마다 귀신 소리가 난다는 것, 그리고 귀신 소리를 무시하고 조심스럽게 여부스 땅으로 들어가려 한다 하더라도 성을 들어가는 중에 소리도 없이 군사가 죽는다는 것에 대한 이유를 발견한 것입니다. 흉상들의 움직임의 이유, 이상하고 기분 나쁜 소리들의 이유를 발견했구요 여부스 땅에 들어가는 입구에서 군사들이 소리 없이 죽은 것도 귀신의 장난이 아니라 숨어 있던 자들의 소리 없는 독침에 의한 것이었음을 발견했습니다.

요압은 여부스를 침공하기 전에 이 모든 정보를 다윗에게 보고(報告)했습니다. 보고를 들은 다윗은 요압에게 명령했습니다.

"요압 장군, 그 놈에 흉측한 흉상들... 우리 조상 야곱을 모독하고 이삭을 모독하는 흉상을 철저하게 때려 부수시오. 재수 없는 흉상이로구먼!"

『그 날에 다윗이 이르기를 누구든지 여부스 사람을 치거든 수구로 올라가서 다윗의 마음에 미워하는 절뚝발이와 소경을 치라 하였으므로 속담이 되어 이르기를 소경과 절뚝발이는 집에 들어오지 못하리라 하더라』(:8)

요압은 다윗의 허락을 받아 여부스를 공격했답니다. 공격은 어렵지 않았습니다. 요압의 군사들은 칼과 창으로 여부스를 침공한 것이 아니라 도끼를 가지고 여부스 입구에 있는 흉측한 흉상들을 때려 부순 것입니다. 흉상들을 부수는 과정에서 수로가 파괴되는 것을 보았구요. 수로를 중심으로 해서 근무를 설 수 있도록 만들어진 요새들을 파괴했답니다. 귀신 장난인 줄 알았던 것들이 무너지는 순간이었습니다. 그런 후에 요압은 군사들과 함께 여부스로 쳐들어갔답니다. 여부스 정복은 한 사람의 희생도 없는 가운데 아주 쉽게 끝이 나고 났답니다.

『그 날에 다윗이 이르기를 누구든지 여부스 사람을 치거든 수구로 올라가서 다윗의 마음에 미워하는 절뚝발이와 소경을 치라 하였으므로 속담이 되어 이르기를 소경과 절뚝발이는 집에 들어오지 못하리라 하더라』(:8)

다윗이 신체장애자를 미워했다는 말이 아닙니다. 이스라엘의 조상인 야곱과 이삭을 보기 끔찍한 흉상(胸像)으로 만들어 욕보인 것에 대한 파괴를 의미하는... 그 당시 사람들만 이해할 수 있는 말이었습니다.

여부스 사람이 살고 있었던 예루살렘을 빼앗는 일은 무척이나 쉬웠습니다. 피 한 방울 흘리지 않고 예루살렘을 빼앗았습니다. 이 때 다윗의 나이는 37세쯤 된 때였습니다.

칼보다 강한 것은 펜이라는 말이 있습니다.
정확한 지식을 말합니다.
적어도 이 경우 그 말은 진리였습니다.
다윗은 여부스 사람들의 지혜를 넘어서는 정보를 가지고

허점을 정확하게 찌르는 것입니다.

우리도 마찬가지입니다.

무엇을 가지고 있는가 하는 것보다

얼마만큼 가지고 있느냐 하는 것보다도

얼마나 정확한 정보를 가지고 있느냐 하는 것이

싸움의 승패를 가지고 옵니다.

사탄과의 싸움도 마찬가지입니다.

사탄에 대한 정확한 지식을 가지고 싸움에 나가야 합니다.

그리고 우리가 가지고 있는 무기를 언제 어떻게

사용해야 하는 지를

정확하게 알고 있어야 승리할 수 있답니다.

정확한 정보... 하나님이 도우실 때 얻을 수 있습니다.

『여호와께서 함께 계시니 다윗이 점점 강성하여 가니라』(:10)

요압은 기가 막힌 승리를 했습니다. 수백 년 동안 아무도 이길 수 없었던 여부스 족속을 아주 간단하게 이긴 겁니다. 그리고 다윗에게 이스라엘 통일 왕으로서 활동할 수 있는 예루살렘을 바쳤답니다. 다윗은 여부스를 정복하고 예루살렘을 바친 요압을 군대장관으로 임명하고 예루살렘 성에서 이스라엘을 다스리기 시작했답니다. 사람들은 그때부터 예루살렘을 다윗 성이라고 불렀고, 다윗은 사람들과 함께 명실 공히 한 나라의 중심다운 모습을 갖추기 위해 성을 쌓기 시작했답니다.

『다윗이 가로되 먼저 여브스 사람을 치는 자는 두목과 장관을 삼으리라 하였더니 스루야의 아들 요압이 먼저 올라갔으므로 두목이 되었고 다윗이 그 산성에 거한 고로 무리가 다윗성이라 일컬었으며 다윗이 밀로에서부터 두루 성을 쌓았고 그 남은 성은 요압이 중수하였더라』(대상 11:6-8)

『다윗이 그 산성에 거하여 다윗성이라 이름하고 밀로에서부터 안으로 성을 둘러 쌓으니라』(:9)

난공불락(難攻不落)의 지역, 여부스 사람이 살고 있는 땅을 제거하고 예루살렘을 차지한 다윗에 대한 소문은 주변 국가에 순식간에 퍼졌습니다. 아울러 다윗의 능력이 졸지에 국제화되었답니다. 그리고 계속 다윗은 외교적 능력을 마음껏 발휘하였지요. 주변 국가와 은밀한 친밀성을 보이면서 관계를 맺고 있었답니다. 좋은 결과를 얻은 것은 물론이구요.

다윗이 여부스 족속을 내쫓고 예루살렘을 이스라엘의 수도 겸 왕도(王都)로 세운다는 소문이 퍼지자 북쪽에 자리 잡은 두로라고 하는 나라의 히람 왕이 관심을 가졌습니다. 다윗 역시 두로 땅에 좋은 나무와 기술자들이 있다는 소식을 들은 터라 협조를 구하고 싶었지요. 그래서 사람을 보내어 예루살렘 성과 궁정을 짓는 것에 대한 협조를 요청했답니다. 그랬더니 두로 왕 히람이 백향목과 일꾼들을 보내었답니다. 아주 훌륭한 궁전이 지어지고 있었습니다.

『두로 왕 히람이 다윗에게 사자들과 백향목과 목수와 석수를 보내매 저희가 다윗을 위하여 집을 지으니』(:11)

이스라엘 사람들은 다윗을 좋아했습니다. 수도를 자기들 가까이 옮겨 준 다윗이 고마웠고 또 정치를 잘해 주었기 때문입니다. 좋은 땅 예루살렘도 얻었습니다. 더군다나 전에는 없었던 일로 이방 민족 두로의 왕인 히람이 좋은 나무뿐만 아니라 일꾼까지 보내서 멋진 왕궁을 건축하고 있는 것입니다. 다윗의 인기는 최고였습니다. 그러나 다윗은 교만하지 않았습니다. 오히려 그는 하나님께서 자기를 왕으로 삼으셨다고 감사했으며 이스라엘 백성을 위하는 목적으로 자기를 왕으로 삼으셨다고 믿고 있었습니다.

『다윗이 여호와께서 자기를 세우사 이스라엘 왕을 삼으신 것과 그 백성 이스라엘을 위하여 그 나라를 높이신 것을 아니라』(:12)

잘 되고 있다는 것, 칭찬을 듣는다는 것
아주 좋은 일입니다만
그럴 때 잘 관리해야 한답니다.
교만해 지기 쉬운 때이거든요.
복 주신 하나님이 마음에서 사라지기 쉬운 때이거든요.
하나님께 감사해야 한답니다.

하나님이 하신 일임을 알아야 합니다.

하나님께서 주신 사명이 있음을 알아야합니다.

잘 될 때 쓰러지지 않는 사람 되세요!

다윗이 성공했을 때,

그 성공을 주신 분을 알고

성공을 주신 이유를 알고 있었던 것처럼 말입니다.

❸ 삼하 5:13–16

예루살렘에서 난 자식들

다윗은 예루살렘에서 33년 동안 살면서 이스라엘을 다스렸습니다. 유다 헤브론에서 예루살렘으로 삶과 통치의 장소를 옮긴 초기에 모든 것이 순조로웠습니다. 왜 그랬는지... 편해서 그랬는지... 여인들 많이 얻어 자녀를 많이 낳았답니다. 삼무아, 소밥, 나단, 솔로몬, 입할, 엘리수아, 네벡, 야비아, 엘리사마, 엘랴다, 엘리벨렛 등 적어도 11명의 아들들을 낳았습니다.

『다윗이 헤브론에서 올라온 후에 예루살렘에서 처첩들을 더 취하였으므로 아들과 딸들이 또 다윗에게서 나니 예루살렘에서 그에게서 난 자의 이름은 삼무아와 소밥과 나단과 솔로몬과 입할과 엘리수아와 네벡과 야비아와 엘리사마와 엘랴다와 엘리벨렛이었더라』(:13–16)

성경이 재미있는 고발을 하네요.

『또! 다윗에게서 나니...』

기분 나쁘다는 표현입니다. 잘못하고 있다는 말입니다.

헤브론에서도 여인 많이 취해 아이들 낳았는데... 또!

절제를 못하는 다윗의 약점을 말하고 있답니다.

이 절제 못하는 약점,

무슨 일이 일어날 것 같다는 불길함이 들잖아요.

그래요. 이 절제 못하는 약점으로 인해

(훗날) 결국 인생의 파국을 맞는

밧세바 사건을 일으킨답니다.

우리에게 약한 점이 있습니다.

그걸 절제해야 한답니다. 그렇지 않으면 『'일'』 생겨요!

파국을 맞는 사건 생긴다는 겁니다.

④ 삼하 5:17-25
배신을 감지한 블레셋

다윗과 블레셋은 지금까지 잘 지내왔습니다. 블레셋은 다윗을 조금도 의심하지 않았었습니다. 모두 다 그런 것은 아닐지 모르지만 적어도 아기스 왕만은 다윗을 믿었고 또 보호해 주었습니다. 이스라엘과의 전쟁으로 인해 사울과 그의 아들들을 몰살시킨 후 이스라엘 통치를 유다 사람으로서 블레셋 사람이 되었다고 믿은 다윗에게 전적으로 맡긴 것이었으니까요. 다윗을 신뢰한 아기스의 판단은 옳은 듯 다윗은 이스라엘을 시끄럽지 않게 잘 관할했습니다.

그런데 어느 날부터 다윗에 대한 이스라엘 사람들의 태도가 너무 좋아지고 있었습니다. 아기스 왕은 다윗의 행동과 인기가 심상치 않다는 참모진들의 보고와 우려를 들었지만 무시했었습니다. 다윗을 믿었기 때문입니다. 아니 그것이 다윗의 능력이라고 생각했습니다. 그런데 뜻밖의 소식이 들렸습니다. 이스라엘 사람들이 다윗을 왕으로 세우고 기름을 부었다는 말입니다. '다윗이 왕이 되었다?' 심상치 않은 소식이었습니다. 그러면서도 아기스 왕은 다윗의 보고(報告)를 기다렸습니다. 다윗이 자신의 왕 됨을 보고한다면 여전히 블레셋의 하수인에 불과한 왕이기 때문입니다.

그런데 며칠이 지나도 왕이 되었다는 다윗에게서 아무런 소식이 없는 겁니다. 아기스 왕은 초조해지기 시작했습니다. 그리고 믿었던 다윗에게서 점점 배신감을 느끼기 시작했습니다. 그래도 혹시나 하면서 며칠을 더 참고 또 참고 기다렸습니다만.

아기스는 그럼에도 불구하고 다윗을 믿었습니다. 당장이라도 군사를 이끌고 다윗에게로 가서 묵사발을 만들고 싶었습니다만 혹 어떤 사정이 있어서 기별을 하지 못하는 것을 가지고 괜시리 큰일을 만들까하여 먼저 사람을 보내 알아보기로 했답니다. 사신(使臣)들을 보냈습니다. 그리고 만약을 위해 군사도 함께 보냈습니다.

『이스라엘이 다윗에게 기름을 부어 이스라엘 왕을 삼았다 함을 블레셋 사람이

듣고 다윗을 찾으러 다 올라오매』(:17중)

다윗은 정보망을 통해 블레셋에서 사신과 군사가 올라오고 있다는 소식을 접했습니다. 다윗이 직접 올라오는 블레셋 사람들을 보기 위해 은밀한 곳에 가 보았습니다. 만만치 않은 숫자였습니다. 블레셋 군대의 속성을 잘 알고 있는 다윗이었습니다.

『다윗이 듣고 요해처로 나가니라』(삼하 5:17)

다윗은 하나님께 기도했습니다. 블레셋과의 관계를 어떻게 해야 하는지 결정해야 했기 때문입니다. 싸워야 하는지? 싸운다면 이젠 블레셋과는 원수가 되는 것입니다. 분명 힘든 일이 생길 것은 자명한 일입니다. 그래서 하나님의 뜻을 물어 기도하고 있었습니다. 그랬더니 하나님의 말씀이 들려왔네요. 싸우라고 말입니다.

『다윗이 여호와께 물어 가로되 내가 블레셋 사람에게로 올라가리이까 여호와께서 저희를 내 손에 붙이시겠나이까? 여호와께서 다윗에게 말씀하시되 올라가라 내가 단정코 블레셋 사람을 네 손에 붙이리라 하신지라.』(:19)

많은 숫자의 블레셋 사람들이 왔습니다만 다윗과 싸운다는 것에 대해서는 반신반의하고 있었습니다. 평소에 블레셋과 관계가 좋았던 다윗이 블레셋을 배반했다는 것이 공식화 된 것도 아니고, 게다가 다윗이 블레셋을 배반하면 블레셋에게 하루도 못 견디고 먹힐 것이 뻔한데 그렇게 무모한 짓을 하겠느냐는 생각 때문이었죠. 그래서 블레셋 사람들은 느긋하게 행진하고 있었답니다.

그러다가 다윗 군사들의 기습을 받았답니다. 바알브라심이라는 곳이었는데 그곳에서 얼마나 갑작스럽고 강한 공격을 받았는지 블레셋 군사들은 칼 한번 제대로 휘둘러보지 못하고 완패를 당하고 말았답니다. 정말 다윗에게는 통쾌하고 완전한 승리였고 블레셋에게는 처절한 패배였습니다.

『다윗이 바알브라심에 이르러 거기서 저희를 치고 가로되 여호와께서 물을 흩음같이 내 앞에서 내 대적을 흩으셨다 하므로 그곳 이름을 바알브라심이라 칭하니라』(:20)

블레셋과의 싸움은 통쾌하게 끝났습니다. 블레셋은 다윗에게 완전히 패했습니다. 사무엘 선지자가 죽은 후 수십 년 만에 처음 있는 일입니다. 이 소식을 들은 블레셋의 아기스 왕은 부들부들 떨었습니다. 분했습니다. 전쟁에서 진 것 때문이기보다는 다윗에게 당한 배신감 때문이었습니다.

화가 난 아기스 왕과 블레셋 군사들... 다시 군사를 정비하여 르바임 골짜기에 진을 쳤습니다. 엄청만 군사를 데리고 오고 있습니다. 물론 다윗도 예측하고 있습니다. 배신당한 것을 알아차린 아기스가 가만히 있을 리가 없다는 걸 압니다. 블레셋이 온다는 정보를 듣고 다윗은 하나님께 기도했습니다. 블레셋의 전략이 만만하지 않기에. 40세 가까이 된 다윗은 22-23년 전에 골리앗과 싸우기 전에 하나님을 의지한 것처럼 지금도 하나님을 의지하고 있었답니다. 특별한 전략을 가지고 엄습하려고 블레셋 사람들은 만반의 준비를 하고 온 상태입니다. 다윗은 몰랐지만 하나님은 블레셋의 전략을 알고 계셨습니다. 그리고 다윗이 어떻게 대처해야 하는지를 가르쳐 주셨답니다.

『올라가지 말고 저희 뒤로 돌아서 뽕나무 수풀 맞은편에서 저희를 엄습하되

단절되는 관계

다윗 시대에는 이스라엘 사람들로 하여금 우상을 숭배하게 했던 블레셋 나라와의 단절(斷絕)이 시작됩니다. 사사기 마지막 부분에 보면 하나님은 이스라엘이 블레셋과 타협하면서 죄악에 빠져 있는 것을 단절시키시려고 했음을 볼 수 있습니다. 그런데 사울왕 때에는 블레셋에게 지배되어 살고 있었던 것이지요. 비극이었습니다. 그러나 하나님은 다윗을 통하여 영적 쇄신을 가지고 옵니다. 블레셋과의 완전 단절입니다. 과거 같으면 블레셋과의 전쟁에서 우상이 떨어져 있었다면 그것을 주어 보관하는 분위기였습니다. 그런데 다윗은 그렇지 않습니다. 블레셋과의 첫 전쟁을 이긴 다음 그 비싼 우상들이 즐비하게 널려져 있습니다만 그것들을 수집하여 보관한 것이 아니라 다 치워 버렸습니다.

『거기서 블레셋 사람들이 그 우상을 버렸으므로 다윗과 그 종자들이 치우니라』(:21)

뽕나무 꼭대기에서 걸음 걷는 소리가 들리거든 곧 동작하라 그때에 여호와가 네 앞서 나아가서 블레셋 군대를 치리라』(:23하-:24)

선택의 여지가 없었습니다. 하나님께서 블레셋을 알고 하신 명령이었고 또한 하나님이 블레셋을 직접 처리하시겠다는 약속이기 때문입니다.

다윗의 시대는 우상을 가지고 들어오는 블레셋 나라를
적(敵)으로 만드는 데서부터 출발합니다.
우리의 삶도 우리에게 조용히 죄를 스며들게 하는 악한 것들을
적으로 만들어야 합니다.
그것이 바른 출발입니다.
악(惡)은 하나님의 원수입니다.

우상을 눈에서 치워버리세요.
섬기지만 않으면 될 뿐
박물관에 보존하겠다는 생각 자체를 버려야 하는 것입니다.
개인 골동품 수집에서도 우상은 모으는 것이 아닙니다.
수 백 년 전 미개인들이 섬기던 우상이기에
역사적 가치가 있다는 구실로 모셔 놓지 말라는 것입니다.
우상은 치워 없애버릴 물건이지
골동품이라는 말로 보관할 것이 아니라는 말입니다.
그것 자체가 우상이 될 수 있기 때문입니다.

5 삼하 6:1–5

하나님께로 집중하다

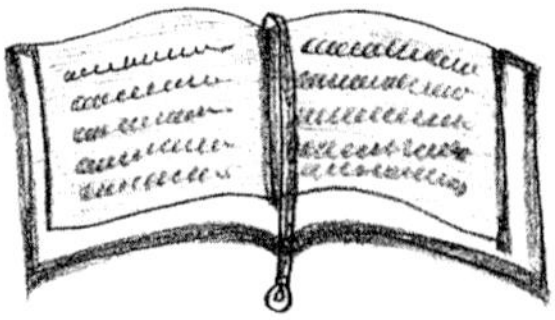

다윗이 왕이 되었습니다. 하나님께서 선택한 사람이었지만 그는 사람에게도 인정을 받을 때까지 기다렸고, 그 기다림은 이스라엘 사람들 스스로가 다윗을 왕으로 추대하는 아름다운 결과를 가져왔습니다. 다윗은 알고 있었습니다. 하나님께서 일하셨음을...

『다윗이 여호와께서 자기를 세우사 이스라엘 왕을 삼으신 것과 그 백성 이스라엘을 위하여 그 나라를 높이신 것을 아니라』(5:12)

다윗은 하나님이 이스라엘, 즉 하나님 나라의 백성을 위해 자신을 일꾼으로 세운 것임을 알았다는 말입니다. 이제는 하나님께서 무엇을 기대하고 계시는지를 생각해야 합니다. 하나님께서 블레셋과의 단절을 원하신다면 과감하게 단절하는 것입니다. 그래서 그동안 신세를 진(?) 블레셋과 결별을 한 것이지요.

왕궁에 앉아 사람들에게 하여금 대접을 받고 있던 다윗의 마음과 생각 속에는 언제나 하나님에 관한 것으로 가득 차 있었습니다. 또한 하나님께서 싫어하시는 주변 국가와는 교류를 하지 않았답니다. 말이 그렇지 사실 문을 닫고 산다는 것이 쉬운 일은 아니었습니다. 쉽게 사는 방법은 타협하면 됩니다. 편하게 살려면 죄를 눈감아 주면 됩니다. 그런데 다윗은 그런 삶을 하나님께서 원하지 않으신다는 것을 알고 있었던 답니다.

다윗은 선택해야 했습니다. 그리고 올바르게 선택했습니다. '주변 국가와 손잡고 편리하게 살 것인가 아니면 하나님을 기쁘시게 할 것인가?'에 대한 갈등 속에서 말입니다. 고민하거나 갈등하거나 혹은 회의(懷疑)하지 않았습니다. 다윗에게 있어서 주변 국가와 손을 잡는다는 것은 생각할 가치도 없는 것이었습니다. 오직 하나님의 마음을 기쁘게 해 드리는 일이 어떤 것인가를 생각했고 그렇게 했답니다.

그러던 중에 되어진 일들 가운데 한 가지... 잊혀진 하나님의 궤를 중앙에 모셔오는 일을 계획한 것입니다. 모든 사람이 모일 중앙인 예루살렘에 하나님이 계시도록 하는 일이었습니다. 이 일은 다윗이 왕으로 등극(登極)하여 스스로가 행한 최초의 일입니다.

이제 마음대로 하나님을 찬양하고 예배하고 섬길 수 있게 된 다윗입니다. 누구의 눈치도 볼 필요가 없고 두려워할 필요도 없습니다. 정말이지 마음껏 하나님을 예배 할 수 있게 된 것입니다. 그래서 먼저 언약궤를 모시고 싶어서 그 언약궤를 찾기 시작했습니다. 마치 어린 아이가 엄마의 젖을 찾는 것처럼.

손으로 땅을 더듬었습니다.
하나님의 언약궤가 어디 있는가 하여 말입니다.
코를 땅에 대고 냄새를 맡았습니다.
하나님의 궤가 어디 있는가 하여 말입니다.
눈으로 동서남북을 바라보았습니다.
하나님의 궤가 어디 있는가 하여 말입니다.
소리를 높였습니다.
하나님의 궤가 어디 있는가 하여 말입니다.

모시고 싶은 하나님입니다.
행복하게 해드리고 싶습니다.
기쁨을 드리고 싶습니다. 어루만져 드리고 싶습니다.
편하게 해 드리고 싶습니다.
그래서 어제도 오늘도 그 분을 찾아 나섰습니다.
다리가 아프기도 했습니다.
배가 고프기도 했습니다.
온 몸이 땀으로 젖어 있었습니다.

그러나 주저앉지 않았습니다.

하나님을 만나기 위해서입니다.

어느 시골

기럇여아림이라고 하는 곳입니다.

다듬어지지 않은 냄새들이 나는 곳

그 곳에 하나님의 궤가 있답니다.

부푼 가슴을 안고 갔습니다.

임금이 행차한다는 소식에 집 주인은 놀라고 부산합니다.

맛있는 음식 냄새가 시골을 행복하게 합니다.

배고픈 것도 다리가 아픈 것도 땀 흐르는 것도

아무 것도 아닙니다.

집 주인은 임금님 대접을 정성스럽게 준비했건만

미안합니다.

맛있는 음식 먹으러 온 것 아닙니다.

하나님의 궤가 있다고 해서 온 겁니다.

작은 집이었습니다.

어디 있을까? 하나님의 궤가.

어디에 어떻게 모셔져 있을까? 하나님의 궤가.

큰 나무 밑에 있답니다.

가 보았습니다.

무엇인가에 덮여 있었는데

그 위에 먼지가 수북 쌓여 있었습니다.
먼지가 쌓이고 또 쌓인 세월이
50년이 되었답니다.

엉엉 울었습니다.
하나님의 궤이기 때문입니다.
엉엉 울었습니다.
하나님께서 천대받는 모습이기 때문입니다.

다윗, 그 언약궤를 보면서
이렇게 노래했습니다.

여호와여 다윗을 위하여 그의 모든 근심한 것을 기억하소서
저가 여호와께 맹세하며 야곱의 전능자에게 서원하기를
내가 실로 나의 거하는 장막(帳幕)에 들어가지 아니하며
내 침상(寢床)에 오르지 아니하며
내 눈으로 잠들게 아니하며 내 눈꺼풀로 졸게 아니하기를
여호와의 처소 곧 야곱의 전능자의 성막(聖幕)을
발견하기까지 하리라 하였나이다

우리가 그것이 에브라다에 있다 함을 들었더니
나무 밭에서 찾았도다

우리가 그의 성막에 들어가서 그 발등상 앞에서 경배(敬拜)하리로다

여호와여 일어나사 주의 권능(權能)의 궤(櫃)와 함께
평안한 곳으로 들어가소서

주의 제사장(祭司長)들은 의를 입고
주의 성도들은 즐거이 외칠지어다
주의 종 다윗을 위(爲)하여
주의 기름 받은 자의 얼굴을 물리치지 마옵소서
여호와께서 다윗에게 성실히 맹세하셨으니 변치 아니하실지라
이르시기를 네 몸의 소생을 네 위에 둘지라
네 자손이 내 언약과 저희에게 교훈하는 내 증거를 지킬진대
저희 후손도 영원히 네 위에 앉으리라 하셨도다
여호와께서 시온을 택하시고 자기 거처를 삼고자 하여 이르시기를
이는 나의 영원히 쉴 곳이라
내가 여기 거할 것은 이를 원하였음이로다
내가 이 성의 식료품에 풍족히 복을 주고
양식으로 그 빈민(貧民)을 만족케 하리로다
내가 그 제사장들에게 구원으로 입히리니
그 성도들은 즐거움으로 외치리로다
내가 거기서 다윗에게 뿔이 나게 할 것이라

내가 내 기름 부은 자를 위하여 등을 예비하였도다
내가 저의 원수에게는 수치로 입히고
저에게는 면류관(冕旒冠)이 빛나게 하리라 하셨도다
(시132:1-18)

흐르는 눈물을 닦으며 하나님의 궤를 모셔오고자 했습니다. 하나님을 사랑하는 자들을 모았습니다. 3만 명이 모였습니다. 장관들도 있었습니다. 제사장들도 많이 있었습니다. 모두를 데리고 기럇여아림(바알레유다)으로 향하기 위해서였습니다.

감동과 감격으로 잠을 설친 다윗은 가슴이 설레였습니다. 가장 존귀한 것을 모시는 일입니다. 제사장들이 앞장서야 합니다. 언약궤는 제사장이 어깨에 메도록 되어 있기 때문입니다. 제사장들끼리도 이 영광스러운 하나님의 궤 운반하는 일을 하기 위하여 이야기가 분분했습니다. 50년 만에 일어나는 일이니 얼마나 영광스러운 일이겠습니까?

50년 만에 일어나는 일이라고 하는 이유

삼상 7:1-2절에 보면 기럇여야림에 옮겨진 내용이 나옵니다. 그 때는 사울이 왕되기 전이랍니다. 그리고 지금은 사울 통치 40년이 지나고 다윗이 왕이 되어 10여년이 지난 때이기에 50년이라고 계산된 거랍니다.

3만 명이 언약궤를 모시는 일에 동참을 했습니다. 대단히 큰 움직임이었고 축제였습니다. 준비 위원회가 계획하는 프로젝트는 거대했습니다. 언약궤를 어깨에 멜 제사장을 선발하는 문제는 물론 몇 차례, 어디서 휴식을 취하고 누가 선발로 멜 것인지... 4명이 한 팀으로 구성이 되어야 하는데 어떻게 팀을 구성할 것인지... 제사장들의 키, 몸무게 등등 신체적인 여건도 배려해야 했습니다. 제사장들이 언약궤를 메고 행렬하는 동안 오케스트라를 연주하도록 했습니다. 왕실 오케스트라였습니다. 어떤 곡을 언제 연주해야 하는 지도 계획했습니다. 연주자들의 복장은 물론이구요, 3만 명의 행렬을 어떻게 질서정연하게 배치할 것인지에 대한 계획도 잘 되었습니다. 행렬 중 음식 준비, 행렬 후 음식 준비, 기념품 준비... 정신없이 바쁜 나날들이었답니다.

그 날이 되었습니다. 언약궤를 예루살렘으로 옮기기 위해 완벽한 준비로 기럇여아림(바알레유다)으로 향했습니다. 철통같은 경비와 축제의 분위기 속에 50년 간 천대받았던 언약궤가 옮겨지기 위해 이러한 일이 국가적 행사로 진행되고 있는 겁니다.

언약궤를 옮기기 위한 실행 위원들이 기럇여아림에 가까이 왔습니다. 역시 기럇여아림에도 축제가 벌어지고 있었습니다. 일차로 어깨에 멜 제사장들의 마음이 흥분되어 있었습니다. 아비나답이 레위인이었는지는 모르지만 아비나답의 아들 엘리아살이 하나님의 궤 지키는 일을 맡아하고 있었습니다. 그런데 엘리아살이 나타난 것이 아니라 다른 아들들인 웃사와 아효가 나타난 겁니다. 웃사와 아효는 언약궤를 메기 위해 준비하고 있는 제사장들과 운반 조직 위원회 책임자 앞에 자신들이 새롭게 정성들여 만든 아주 멋지고 화려한 수레를 가지고 나타난 겁니다. 잘 길러진 깨끗한 두 마리의 소 뒤에 수레를 만들어 달았네요. 그리고 하는 말이 50년 만에 있는 언약궤 운반 축제를 더욱 영광스럽게 하기 위해 정성을 다해 만들었다는 것입니다. 수레는 정말 멋있었습니다!

축제 준비 위원회는 갈등했습니다. 갑작스럽게 나타난 멋진 수레 때문입니다. 어깨에 메야 하는 언약궤를 수레에 실어도 되는가 하는 문제 때문입니다. 제사장들은 반대했습니다. 그러나 일반 사람들은 멋진 수레에 마음을 빼앗긴 것 같았습니다. 논란은 쉽게 가라앉지를 않았습니다. 토론이 계속되는 중에 수레를 만든 웃사와 아효가 끼어들었습니다. 어깨에 메어야 한다는 법이 있지만 제사장 어깨에 메는 것보다 화려하고 웅장한 모습으로 언약궤를 옮김으로 인해 국가적인 체면과 위상을 주변 나라에 알리는 것이 좋겠다는 의견입니다. 그리고 언약궤를 지금까지 모셔 온 자신들이 마지막으로 모시도록 해달라는 청원이었습니다. 사실 웃사와 아효는 언약궤를 모실 자격이 없는 사람들이었습니다. 언약궤를 마지막으로 모실 자격이 있다면 그는 엘리아살이었습니다.

사람들은 문제를 풀지 못했습니다. 결국 이 문제를 다윗에게로 가지고 갑니다. 다윗 왕 또한 생각과 고민을 하다가 지도력을 발휘하여 결정했습니다. 메는 계획으로부터 웃사와 아효가 만든 새 수레에 싣고 예루살렘으로 가는 것으로 말입니다.

『저희가 하나님의 궤를 새 수레에 싣고 산에 있는 아비나답의 집에서 나오는데 아비나답의 아들 웃사와 아효가 그 새 수레를 모니라』(:3)

하나님의 언약궤를 옮기는 일...
다윗을 흥분시키기에 충분한 일이었습니다.
아니 왕뿐만 아니라 온 백성을 흥분시키고 있었습니다.
그런데 이 거룩한 일을 할 때
사탄의 간계한 유혹이 찾아왔습니다.
그것은 언약궤를 옮기지 말자라는 유혹이 아니었습니다.
언약궤를 옮기되!...
하나님의 말씀대로 하지 않도록 하는 일이었습니다.
먼저 쉬운 방법으로 하자고 유혹하는 것입니다.
멋지고 화려하고 남의 눈에 멋지게 보이는 방법으로 말입니다.
고리타분한 방법보다는 최신식 방법으로 하자는 제안입니다.

우리의 신앙생활에 사탄의 유혹은 언제나 이런 방법입니다.
예배를 드리지 말자고 한다면
그리스도인이라면 어느 누구도 동의하지 않을 것을 사탄은 압니다.
씨도 먹히지 않는 일이지요.
예배는 드리게 합니다.

그러나 성경적인 방법에서 『약간』 벗어나도록 유혹하는 것이

사탄이 하는 일입니다.

예배를 고리타분한 것에서 벗어나게 하자는 것입니다.

화려하게 만들자는 것,

연극을 하자는 것입니다.

사람들을 자극하는 프로그램을 만들자고 말입니다.

현대의 테크놀로지(Technology)를 사용해야

사람들이 모일 것이라는,

특히 방황하는 젊은이들을 모을 수 있을 것이라는

상당히 합리적이고 매력적이고 호소력 있는 유혹입니다.

그렇지 않습니다.

웃사와 아효는 자신이 영광을 받기 위해

하나님 말씀을 저버리는 행동을 하고 있는 것입니다.

우리는 하나님께서 좋아하시는 방법인지 아니면

내가 좋아하는 방법인지를

냉정하게 구분해야 합니다.

언약궤를 실을 수레이니 얼마나 멋있었겠습니까?

분명 사람들도 그 수레를 보고

주변의 어느 국가의 신(神)들의 행차에도

뒤지지 않는다고 박수를 쳤을 것입니다.

현대적이라고 감탄했을 것입니다.

(언약궤를 메는 방식은 적어도 400년 전에 만들어진

구시대의 방식입니다.)

그러나 실상은 하나님 기뻐하시는 방식이 아니라는 것이지요.
우리의 예배, 봉사, 프로그램이
진정 하나님께서 기뻐하시는 방법이고
하나님을 영화롭게 하고 있나요?
아니면 사람들이 신나하고 사람들을 흥분시키는 쇼를 하고 있나요?
예배 인도자를 『스타』로 만들고 있지는 않은지요?

훌륭한 오케스트라의 연주 또한 언약궤 이동 행렬을 더욱 아름답고 화려하게 장식하고 있었습니다. 사람들을 열광시켰습니다. 사람들이 열광했습니다. 하나님의 법을 따르지 않고도 말입니다. 지금 분명히 하나님을 기쁘시게 하는 일이라고 열심히 하고 있습니다. 이 열광의 행렬 앞에 웃사와 아효는 선두에 서 있습니다. 여호와를 위한 일이라고 하면서 말입니다. 열광의 행렬은 이러했답니다.

『저희가 산에 있는 아비나답의 집에서 하나님의 궤를 싣고 나올 때에 아효는 궤 앞에서 행하고 다윗과 이스라엘 온 족속이 잣나무로 만든 여러 가지 악기와 수금과 비파와 소고와 양금과 제금으로 여호와 앞에서 주악(奏樂)하더라』(:4-5)

하나님을 사랑한다면
하나님의 말씀에 관심을 두어야 합니다.
그리고 하나님의 말씀을 실천해야 합니다.
하나님의 말씀은

우리 시대의 과학과 기술에 어울리지 않는
시대에 뒤떨어진 것처럼 생각합니다.
하나님의 말씀에 따른 방식은
사람들을 열광시키지 않습니다.
하나님의 말씀은
사람들의 마음을 자극하지도 않을 것입니다.
그런데 그 방법으로만 하나님이 기뻐하신답니다.
사람들이 열광하지 않아도 됩니다.
사람들을 자극하지 않아도 됩니다.
사람들이 모이지 않아도 됩니다.
하나님이 기뻐하시면 되는 것이랍니다.

❻ 삼하 6:6–11

진노와 경고 그리고 깨달음

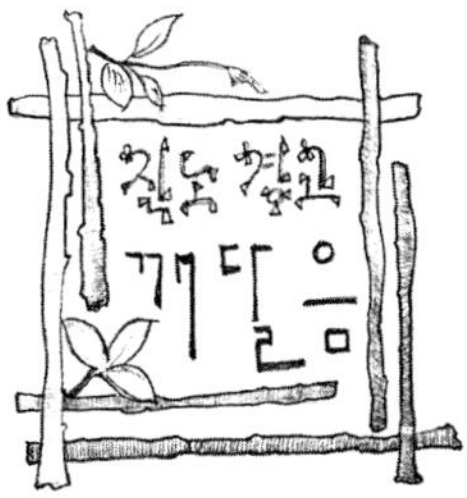

언약궤를 기럇여아림(바알레유다)에서 예루살렘으로 옮기는 국가적인 큰 행사 중에 충격적인 사건이 발생했습니다. 국민들을 열광의 도가니로 몰아넣고 한참 흥(興)이 고조되고 있을 때입니다. 수만 명의 공식 행렬과 더불어 몰려나온 백성들이 열광적으로 흥분하고 있었습니다. 다윗은 물론 백성들 모두가 좋아하고 있었습니다.

나곤이라는 사람의 타작마당에는 잠시 행렬의 쉼을 위해 자리를 만들어 놓고 있었습니다. 수레를 몰고 오는 거룩한 소(?)도 쉬면서 물과 여물을 좀 먹이는 휴식의 장소로 미리 정해 놓은 것입니다. 나곤은 자신의 타작마당이 언약궤 행렬의 쉼터가 된다고 하여 정돈과 준비를 아주 잘 해 놓았답니다.

언약궤 행렬이 이미 준비된 나곤의 타작마당에 들어오고 있었습니다. 음악과 축제의 축포(祝砲)가 절정에 이르고 있었습니다. 아효는 싱글벙글 기분이 좋은 듯 화려한 수레를 인도하고 있었고, 그 뒤에는 아름답게 치장된 소 두 마리가 있었고, 소들은 멋지게 만든 수레를 끌고 있었으며, 수레 위에는 거룩한 언약궤가 웅장하게 놓여 있었습니다. 멋진 오케스트라의 황홀한 연주와 함께.

나곤의 타작마당에 도착하자 소몰이 아효는 소들을 멈추기 위해 소의 고삐를 당겼습니다. 그런데 갑자기 두 소가 고개를 쳐들더니 아효가 당기는 고삐에 기분 나쁘다는 듯이 획 돌려대는 겁니다. 당황한 아효는 두 마리의 소를 진정 시키고자 다시 고삐를 잡아 당겼습니다. 그런데 소들 또한 만만하지 않았습니다. 거세게 반항하듯 다리를 움직이며 몸을 뒤트는 것이 아니겠습니까? 아효는 섬뜩하여 물러났습니다. 그러나 소들의 뒤틀리는 몸은 언약궤가 놓여 있는 수레를 기우뚱하게 하고 말았습니다.

수레의 흔들림은 수레 위에 놓여 있는 하나님의 언약궤를 이리 저리 미끄러지게 했습니다. 소들의 날뜀은 수그러들지 않았습니다. 수레 위의 언약궤가 떨어질 것 같았습니다. 사람들이 놀라고 있었습니다. 소리도 질렀답니다.

"어, 어, 어, 수레 위의 언약궤가 떨어지려 한다!"

오케스트라 연주자들도 그걸 보고 놀라고 있었습니다만 저들은 지휘자의 지휘에 따라 계속 연주할 뿐입니다. 어색한 연주였습니다. 언약궤가 수레 위에서 미끄러져 떨어질 것 같은 순간, 수레 옆에 있던 웃사가 수레 옆으로 바짝 다가가더니 수레 위에서 좌우로 미끄러지는 언약궤를 붙잡았습니다. 보던 사람들이 한숨을 내 쉬면서 박수를 쳤답니다.

"웃사! 아주 잘했어!"

사람들의 칭찬이었습니다. 웃사는 기분이 좋았습니다. 영웅 같다는 느낌이었습니다.

『저희가 나곤의 타작마당에 이르러서는 소들이 뛰므로 웃사가 손을 들어 하나님의 궤를 붙들었더니』(:6)

그런데 갑자기 언약궤에 손을 댄 웃사가 갑자기 쓰러졌습니다. 졸지에 분위기가 이상해졌습니다. 주위에 있던 사람들이 웃사에게 달려가 그의 몸을 일으켰습니다. 웃사는 죽어 있었습니다.

『저가 거기 하나님의 궤 곁에서 죽으니라』(:7하)

웃사의 좋은 일(?)이 웃사의 생명을 빼앗는 일이 되었습니다. 오케스트라 지휘자의 지휘가 멈췄습니다. 연주자들도 연주를 멈췄습니다. 언약궤 운반 지휘 본부의 사람들이 황급히 움직입니다. 사람들은 갑자기 나타난 현상에 두려움과 동시에 거룩한 일에 저주가 임했다고 나름대로의 해석을 붙였습니다. 어떤 이는 웃사가 평소에 심장병을 앓았을 것이라고 생각도 합니다. 질병으로 인한 갑작스런 사망이라는 것이지요. 어떤 이는 귀신들의 장난이라고 해석합니다. 갑자기 닥친 충격 때문에 모두들 분주하게 손과 발을 움직였지만 머리속의 생각들은 복잡했습니다.

무엇보다 다윗 왕이 큰 충격을 받았습니다. 언약궤를 옮긴다고 몹시도 흥분했었는데 웃사의 죽음으로 인해 그의 생각은 견딜 수 없는 혼란으로 치닫고 있었습니다. 하나님의 저주인가 아니면 우연인가? 누군가가 이 사건을 해석해야 합니다. 제사장들이 나섰는지 아니면 다윗의 마음속에 하나님의 영감이 있었는지 모릅니다. 그의 마음속에 「죄」라는 것이 떠올랐습니다.

다윗에게 이 사건의 원인을 떠올리는 것은 어렵지 않았습니다. 너무 화려함 속에 엉뚱한 놈들이 좋아하고 있었던 것입니다. 언약궤를 옮기는 일이 이처럼 요란하고 화려한 것이 아니라는 생각이 번개처럼 뇌를 스쳐지나 갑니다. 언약궤는 메는 것인데... 다윗의 마음 깊은 곳에서 솟아나는 사건에 대한 해석이었습니다. 다윗은 견딜 수가 없었습니다. 화가 치밀어 올랐습니다. 분했습니다. '언약궤를 제사장들의 어깨에 메기로 했던 원래의 계획대로 했어야 하는데...'라고 하는 돌이킬 수 없는 아쉬움에 대한 분노였습니다. 엉뚱한 놈들의 유혹에 넘어간 자신이 너무도 한심스러웠습니다. 엉뚱한 놈들의 간계에 타협한 자신이 미웠습니다. 다윗은 자신이 엉뚱한 놈들의 유혹에 넘어가 말씀대로가 아닌 '쇼맨 쉽(Showmanship) 언약궤 운반'을 했기 때문에 하나님께서 진노하셔서 웃사를 죽이신 것을 깨닫게 되었습니다. 그래서 화가 난 것입니다.

『여호와께서 웃사를 충돌하시므로 다윗이 분하여 그곳을 베레스 웃사라 칭하니』(:8상)

성경의 제사 행위나 예배 행위는 화려하지 않습니다.
뿐만 아니라 표면적 화려함으로 발전하지도 않습니다.
창세기에 양을 잡아 드리는 방식의 첫 제사가
아브라함이나 이삭 야곱을 거쳐 출애굽에서 새롭게 제정될 때도
첫 방식과 다름이 없었습니다.
가나안 땅에 들어가서 사는 사사기 시대 때도 그랬고
왕들이 나라를 세워 나가는 동안에도 그랬습니다.
예수님 당시에도 제사 드리는 제도는 변함이 없었습니다.
그 이유가 있습니다.
잘못하면 제사나 예배라는 것을 빙자해서
스타(Star)가 생기기 때문입니다.
스타라는 말은 시대의 영광을 받는 사람을 말합니다.
하나님께 예배드리는 것을 빙자해서
스타의 꿈을 꾸는 사람이 생기기 때문입니다.

웃사와 아효는 스타가 되었습니다.

고리타분한 옛 방식으로는
스타가 만들어지지도 드러나지도 않습니다.
그러나 인간이 고안해 낸 방식은 하나님보다는
스타를 연모하게 만든답니다.
그렇기에 성경의 역사 속에는 제사나 예배 행위에 대한
현대적으로의 발전(contemporary worship)이 없습니다.

오늘날 우리의 예배 행위 속에
스타가 만들어지고 있다면 그것은 예배가 아닙니다.
그것은 기독교 신앙을 빙자한 3류 연예 활동입니다.
사람들은 이런 것에 몰립니다.
사람이 몰린다고 하나님의 축복이 아닙니다.
사람이 열광한다고 그것이 은혜가 아닙니다.
사람이 몰리지 않아도 하나님이 영광을 받으십니다.
성경적일 때 말입니다.
예배는 하나님만이 나타나는 것이 참된 예배입니다.
그리고 하나님이 좋아하셔야 하는 것입니다.

다윗은 옮겨지는 언약궤의 방향을 '예루살렘으로'에서 '가드 사람 오벧에돔의 집으로' 바꾸었습니다. 그런데 그 옮기는 장면을 보십시오. 즉각적인 변화가 기록되어 있습니다. 계속 수레에 싣고 가는 것이 아니었습니다. 메고 갔답니다!

『치우쳐 가드 사람 오벧에돔의 집으로 메어 간지라』(:10하)

이제 다윗이 정신 차렸습니다.
타협과 협상할 것이 있고,
선포하고 순종해야 할 것이 있습니다.
말씀은 양보해서도 안 되는 것이고 더해서도 안 되며
빼서도 안 되는 것입니다.
인간이 할 수 있는 말씀에 대한 반응은 오직 순종뿐입니다.
다윗은 자신이 알고 있던 언약궤 운반에 관한 성경 지식을
더 이상 의논 없이 따르게 했습니다.
다시 말하면 제사장들의 어깨에 메게 했다는 말씀입니다.

말씀을 아는 것도 중요합니다.
아니 반드시 정확히 알고 있어야 합니다.
그러나 가장 중요한 것은 아는 말씀에 따라 살아야 합니다.
만일 그대로 하지 못했었다면
지금 돌이켜야 합니다.

언약궤가 오벧에돔의 집에 놓이게 되었습니다. 그런데 오벧에돔의 집이 복을 받기 시작했답니다. 오벧에돔? 성경은 블레셋의 가드 사람이라고 말하고 있습니다.

『가드 사람 오벧에돔의 집에...』(:11중)

아마 블레셋의 가드에서 살던 사람이 오래 전에 이스라엘 땅으로 이민 와서 살기 시작해서 이스라엘 사람이 되었는가 봅니다. 그러면서 여호와 신앙을 잘 배우고 배운 대로 살다가 언약궤가 자기 집으로 들어오자 언약궤를 잘 관리했나 봅니다. 그랬더니 복이 임하기 시작했답니다.

『여호와의 궤가 가드 사람 오벧에돔의 집에 석 달을 있었는데... 그 온 집에 복을 주시니라』(:11)

복 받는 것... 어려운 일 아니에요.
복 받는 원리가 성경 가운데 기록되어 있잖아요.
원리 따라 살라는 말입니다.
그것이 복 받는 유일한 길이랍니다.
복이 뭘까요?
재물의 풍성함?
건강함?
자녀가 내 뜻대로 잘 됨?
문제가 없음?
그럴 수도 있겠지요.
그런데 이런 것들은
성경대로 살지 않아도 얻는 사람 많이 있잖아요.
그리고 세상의 사람들도 모두
이런 것들을 복이라고 하면서 살잖아요.
그리스도인에겐 이런 것이 복이 아닙니다.
그리스도인은 이런 것 없어도 행복하구요

이런 것 때문에 마음 흔들리지 않는 사람을 말합니다.

복...

하나님이 복이랍니다!

하나님을 섬기고 하나님과 동행하는 것

그것이 진짜 복이라구요!

7 삼하 6:12-19

다시! 언약궤를 옮김

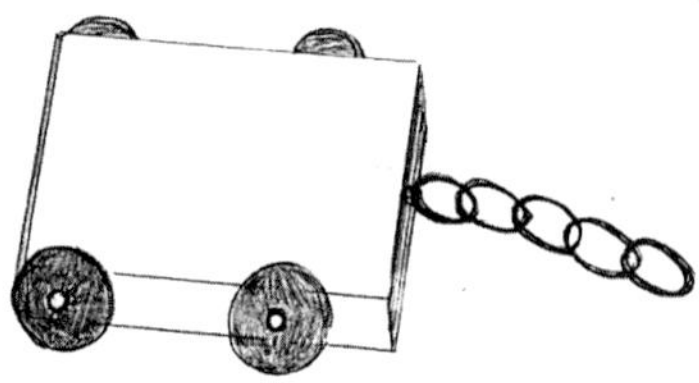

다윗의 마음은 오벧에돔의 집에 모신 언약궤에 가 있었습니다. 하루하루가 편하지 않았습니다. 사람을 수시로 보내 그 집을 돌아보게 하였고 언약궤의 동태를 살피게 했습니다. 오벧에돔의 집에 화가 임하는 것이 아닌가 하는 불안함도 있었습니다. 한 달이 지나도 어떻게 해야 하는지 모르겠습니다. 단지 전하는 자의 보고는 오벧에돔의 집에는 아무런 이상이 없다는 말입니다. 두 달이 지나고 석 달째 들어 설 때입니다. 오벧에돔의 집에 들락날락하는 사람의 보고가 다윗을 기쁘게 했습니다. 오벧에돔의 집이 눈에 띄게 잘되어 가고 있다는 말입니다. 사람들의 소문에 따르면 언약궤가 들어온 날부터 축복을 받고 있다는 겁니다. 다윗의 마음이 편안해지기 시작했습니다.

노(怒)하신 하나님께서 다윗의 경솔함과 잘못을 용서하셨다는 표적 같았습니다. 다윗은 지체하지 않았습니다. 사람들을 다시 모았습니다. 하나님의 궤를 예루살렘으로 옮기기 위해서였습니다.

언약궤를 위하여 궁궐 위에 장막을 쳤습니다. 언약궤를 모셔 둘 장막이었습니다. 그리고는 레위 사람들을 모았답니다.

"여러 레위 사람들이여! 당신들은 하나님께서 특별히 세우신 제사장 지파 사람들이요. 이제 내가 오벧에돔의 집에 모셔져 있는 언약궤를 예루살렘으로 모셔오려 하오. 이 일은 오직 레위 족속만이 할 수 있는 일이니 당신들이 수고할 것이요. 모두들 몸을 성결케 하십시오. 이젠 여러분들 중 제사장으로 일하는 사람들이 언약궤를 어깨에 메고 옮길 것입니다. 지난날 메지 않음으로 인해 하나님의 진노가 있었음을 우린 경험했었소. 이젠 율법에 기록된 대로 할 것이니 준비들 하십시오."

『다윗이 다윗성에서 자기를 위하여 궁궐을 세우고 또 하나님의 궤를 위하여 처소를 예비하고 위하여 장막을 치고 가로되 레위 사람 외에는 하나님의 궤를 멜 수 없나니 이는 여호와께서 저희를 택하사 하나님의 궤를 메고 영원히 저를 섬기게 하셨음이니라 하고』(대상 15:1-2)

『너희는 레위 사람의 족장이니 너희와 너희 형제는 몸을 성결(聖潔)케 하고 내가 예비한 곳으로 이스라엘 하나님 여호와의 궤를 메어 올리라』(대상 15:12)

『전에는 너희가 메지 아니하였으므로 우리 하나님 여호와께서 우리를 충돌(衝突)하셨나니 이는 우리가 규례대로 저에게 구하지 아니하였음이니라』(대상 15:13)

잘못을 깨닫는 것
그 깨달은 잘못을 반복하지 않는 것
그리고 올바르게 행하는 것
그것이 용기요 믿음입니다.

하나님 말씀의 원리대로 하는 것
그것이 성공과 행복의 지름길이랍니다.
아니 유일한 길이랍니다.

현실은 성경대로 하면 미래가 망가질 것이라는 확신(?)을 줍니다.
성경은 미래를 책임지지 않는다고 강하게 이야기합니다.
현실은 그리스도인에게 말합니다.
'교회를 나가라! 설교를 들어라! 성경을 읽어라!
그러나 현실의 법칙을 무시하지 마라!
믿되 추상적인 것만 믿어라…' 라고.
현실이 말하는 것을 따르지 마십시오.
성경이 말하는 것을 따르십시오.
그것이 신앙이요, 그때 미래가 아름답게 다가오는 거랍니다.

언약궤가 제사장들의 어깨에 메어졌습니다. 50년 만에 가까이 하는 언약궤입니다. 다윗은 지난날의 실패를 생각해서인지 언약궤를 멘 제사장들이 여섯 걸음을 걷자 제사장의 행진을 막았습니다. 갑작스러운 막음에 사람들은 긴장했습니다. 또 무슨 일이 잘못되었는가 하고 말입니다. 그런데 그런 것이 아니었습니다.

다윗이 명령합니다. 여호와 하나님께 제사를 드리고 진행하자고 말입니다. 소를 잡았습니다. 오케스트라의 연주와 함께 엄숙한 제사가 진행되었답니다. 숙연하고 엄숙하고 위엄 있는 제사였습니다. 요란함이나 화려함은 보이지가 않습니다. 그런데 광대하신 하나님께서 향기를 받고 계심을 누구나가 알 수 있었습니다. 제사가 마쳐질 때입니다. 왕 다윗이 제사 드리는 마당 한 가운데에 나타나더니 춤을 추기 시작했습니다. 그 춤은 신들린 사람이 추는 춤 같았습니다. 땀을 뻘뻘 흘리고 온 몸에 힘을 주어 하늘에 계신 신(神)께 드리는 경배였습니다.

임금님의 춤! 모두들 숙연해졌습니다. 어느 누구도 다윗의 춤사위를 흉내 낼 수 없었습니다. 넋을 잃고 왕의 춤사위를 보고 있던 제사장들은 다시 자신들의 어깨 위에 언약궤를 올려놓았습니다. 그러나 다윗의 춤사위는 멈추지 않았습니다. 언약궤가 앞으로 갑니다. 예루살렘을 향하여 갑니다. 그런데도 다윗의 춤은 멈출 줄 몰랐습니다.

예루살렘 왕궁에 가까이 왔을 때였습니다. 성(城) 사람들이 모두 나와서 언약궤의 입성을 보고 있었습니다. 그리고 춤추는 임금님을 보고 있었습니다. 다윗의 춤, 왕의 춤... 그것은 예배였습니다. 온 몸이 땀으로 젖어 있었습니다. 얼굴은 땀인지 눈물인지를 구분할 수 없는 액체로 범벅이 되어 있었습니다. 그의 머리는 춤으로 인해 풀어져 있었습니다. 그리고 그가 입고 있던 에봇의 허리띠가 풀어졌는지 춤을 출 때마다 속살이 드러나기도 했습니다. 그러나 다윗의 춤을 보고 웃을 수 없었습니다. 아니 접근할 수 없는 경건이었습니다. 그는 하나님의 신으로 인한 그야말로 신들린 춤을 추고 있었기 때문입니다.

표현할 수 없는 언약궤의 운반 행렬에 다윗의 신들린 요란한 춤사위와 경건이 범벅된 행렬을 보며 미갈은 비웃고 있었습니다. 품위 없이 궁밖을 나간다는 것이 미갈에게는 있을 수 없는 일이었습니다. 사회적인 체면을 무시할 수 없다는 미갈의 생각이었습니다. 왕비답게 고고한 자태로 기다리는 것이 품위라고 생각했습니다. 품위를 유지하지 않은 왕 다윗이 한심하게 생각되었습니다. 주책을 부린다고 생각하고 있었답니다.

오케스트라의 연주 소리가 왕궁 가까이 들렸습니다. 미갈도 그 행렬 모습이 어떠한가 보려고 창으로 갔습니다. 그런데 못 볼 것을 보았습니다. 미친 사람처럼 춤을 추는 왕 다윗을 보았습니다. 더구나 춤으로 인해 다윗의 속살이 보이는 것이었습니다. 미갈은 너무 창피해서 견딜 수가 없었습니다. 그는 자신의 자존심이, 아니 왕실의 자존심이 짓밟히는 것과 같은 수치심을 느꼈습니다.

『여호와의 궤가 다윗 성으로 들어올 때에 사울의 딸 미갈이 창으로 내다보다가 다윗 왕이 여호와 앞에서 뛰놀며 춤추는 것을 보고 심중에 저를 업신여기니라』(:16)

행복과 기쁨은 확신에 있습니다.
행동하는 것에 대한 확신의 근거는 말씀입니다.
다윗과 백성들이 춤추고 즐거워할 수 있는 것은
말씀에 따라 하기 때문입니다.
그래서 확신 속에 있으므로 행복한 것이고 기쁨이 넘치는 것입니다.
말씀대로 살면 힘이 들어도
마음 깊은 곳에서는 샘솟는 기쁨이 있답니다.
반면에 말씀 따라 살지 않으면 재미는 있을지 모르지만
기쁨은 없습니다.
새 수레와 오케스트라가 있었어도
즐거움이나 기쁨이라는 단어는 없습니다.(:3-5)
그러나 어깨에 메는 고통이 있지만, 제사 드리는 힘든 일이 있지만
이상하게도 즐거움이란 단어가 흘러나오고 있네요.
말씀대로 하고 있기 때문이랍니다!

미갈은 웃사나 아효와 같은 품위와 고고함이 풍기는
사람을 멋지게 보겠죠.
미갈, 그녀는 영혼이 살아 있는 사람인가
아니면 죽은 사람인가에 대해서는 관심이 없습니다.

속사람이 어떤 상태인가 하는 것에는 관심이 없습니다.

겉모습에만 관심이 있었습니다.

다윗처럼 영혼이 하나님께 연결된 것에 대해서는 관심이 없고

웃사나 아효처럼 육체가 품위 있는 사람이 멋있어 보였다는 겁니다.

우리의 관심은 어느 쪽일까요?

영혼에 관심을 두는 영성을 소유해야 합니다.

하나님의 언약궤가 예루살렘 성으로 들어갔습니다. 이미 설레는 마음으로 준비한 장막에까지 제사장들이 옮겨갑니다. 행복과 감격 그리고 감동이 크라이막스(Climax)에 다다랐습니다. 떨리는 손으로 번제를 드렸습니다. 하나님 언약궤를 모심에 감동하여 주체할 수 없이 흐르는 눈물의 제사와 함께 화목제를 정성스럽게 올려 드렸습니다. 임금의 정성스런 제사를 경건하게 보고 있던 백성들의 가슴에도 뭉클한 감동이 솟아났습니다. 어떤 사람은 눈물을 흘리고 있었습니다. 제사를 마친 다윗은 뒤를 돌아 떨리는 목소리로 여호와의 이름을 부르며 백성들을 축복했습니다. 그리고 미리 준비한 떡과 고기와 건포도를 나누어 주면서 여호와 하나님을 함께 찬양했습니다. 그때 아삽과 그 형제들이 이렇게 노래했답니다.

『너희는 여호와께 감사하며 그 이름을 불러 아뢰며 그 행사를 만민 중에 알게 할지어다

그에게 노래하며 그를 찬양하며 그 모든 기사를 말할지어다

그 성호(聖號)를 자랑하라

무릇 여호와를 구하는 자는 마음이 즐거울지로다

여호와와 그 능력을 구할지어다 그 얼굴을 항상 구할지어다

그 종 이스라엘의 후손 곧 택하신 야곱의 자손 너희는

그 행하신 기사와 그 이적과 그 입의 판단을 기억할지어다

그는 여호와 우리 하나님이시라 그의 판단이 온 땅에 있도다

너희는 그 언약 곧 천대에 명하신 말씀을 영원히 기억할지어다

이것은 아브라함에게 하신 언약이며 이삭에게 하신 맹세며

이는 야곱에게 세우신 율례 곧 이스라엘에게 하신 영원한 언약이라

이르시기를 내가 가나안 땅을 네게 주어

너희 기업(企業)의 지경(地境)이 되게 하리라 하셨도다

때에 너희 인수가 적어서 매우 영성(零星)하며 그 땅에 객이 되어

이 족속에게서 저 족속에게로, 이 나라에서 다른 민족에게로

유리(流離)하였도다

사람이 그들을 해하기를 용납지 아니하시고

그들의 연고로 열왕을 꾸짖어 이르기를

나의 기름 부은 자를 만지지 말며 나의 선지자를 상하지 말라 하셨도다

온 땅이여 여호와께 노래하며 구원을 날마다 선포할지어다

그 영광을 열방 중에, 그 기이한 행적을 만민 중에 선포할지어다

여호와는 광대하시니 극진히 찬양할 것이요 모든 신보다 경외할 것임이여

만방의 모든 신은 헛것이요 여호와께서는 하늘을 지으셨음이로다

존귀와 위엄이 그 앞에 있으며 능력과 즐거움이 그 처소에 있도다

만방의 족속들아 영광과 권능을 여호와께 돌릴지어다

여호와께 돌릴지어다

여호와의 이름에 합당한 영광을 그에게 돌릴지어다

예물을 가지고 그 앞에 들어갈지어다

아름답고 거룩한 것으로 여호와께 경배할지어다

온 땅이여 그 앞에서 떨지어다 세계가 굳게 서고 흔들리지 못하는도다

하늘은 기뻐하고 땅은 즐거워하며 열방 중에서는 이르기를

여호와께서 통치하신다 할지로다

바다와 거기 충만한 것이 외치며

밭과 그 가운데 모든 것은 즐거워할지로다

그리할 때에 삼림의 나무들이 여호와 앞에서 즐거이 노래하리니

주께서 땅을 심판하려 오실 것임이로다

여호와께 감사하라 그는 선하시며 그 인자하심이 영원함이로다

너희는 이르기를 우리의 구원의 하나님이여 우리를 구원하여

만국 가운데서 건져내시고 모으시사

우리로 주의 성호(聖號)를 감사하며

주의 영예(榮譽)를 찬양하게 하소서 할지어다

여호와 이스라엘의 하나님을 영원부터 영원까지 송축할지로다』(대상16:7-36)

이 찬송을 들은 백성들... 일제히 큰 소리로 "아멘"을 외쳤답니다.

모든 행사를 마치고 저녁이 되어 백성들은 돌아갑니다. 50년 동안 맛보지 못했던 은혜였습니다. 이날의 감동은 그날 밤 잠을 이루지 못하게 할 만큼 충격적인 감동이었습니다.

『다윗이 번제와 화목제 드리기를 마치고 만군의 여호와의 이름으로 백성에게 축복하고 모든 백성 곧 온 이스라엘 무리의 무론 남녀하고 떡 한 개와 고기 한 조각과 건포도떡 한 덩이씩 나눠주매 모든 백성이 각기 집으로 돌아가니라』(:18-19)

다윗 왕은 언약궤를 어떻게 모실 것인지를 의논했습니다. 그리고 그 일을 할 사람을 다음과 같이 임명했습니다.

『아삽과 그 형제를 여호와의 언약궤 앞에 머물러
항상 그 궤 앞에서 섬기게 하되 날마다 그 일대로 하게 하였고
오벧에돔과 그 형제 육십팔 인과
여두둔의 아들 오벧에돔과 호사로 문지기를 삼았고
제사장 사독과 그 형제 제사장들로 기브온 산당에서
여호와의 성막 앞에 모시게 하여
항상 조석(朝夕)으로 번제단 위에 여호와께 번제를 드리되
여호와의 율법에 기록하여 이스라엘에게 명하신 대로 다 준행하게 하였고
또 저희와 함께 헤만과 여두둔과 그 남아 택함을 받고
녹명(錄名)된 자를 세워

여호와의 자비하심이 영원함을 인하여 감사하게 하였고

또 저희와 함께 헤만과 여두둔을 세워

나팔과 제금들과 하나님을 찬송하는 악기로 소리를 크게 내게 하였고

또 여두둔의 아들로 문을 지키게 하였더라』(대상 16:37-42)

받은 은혜에 대한 감동과 감격에만 젖어 있으면 안 됩니다. 그것을 계속 보존하기 위한 대책을 마련해야 합니다. 언약궤를 지키고 계속 하나님을 기쁘게 해드리기 위해 계획을 짰던 다윗처럼 말입니다.

❽ 삼하 6:20-23
다윗의 가정

흥분을 가라앉히지 못한 다윗은 저녁이 되자 식구들이 생각났습니다. 모든 아내들과 자녀들에게 자랑하고 싶었고 또 그 감동으로 축복하고 싶었습니다. 속마음을 드러내듯 희색이 만연한 얼굴을 가지고 집무실을 빠져나와 내실(內室)로 갔습니다. 누구를 만나든지 이 감동을 전하고 축복해 주고 싶은 마음이었습니다. 내실(內室)에 들어서자마자 만난 사람은 미갈이었습니다. 귀한 일을 한 다윗은 그녀에게서 칭찬이 듣고 싶었습니다. 아니 그녀도 언약궤로 인한 감동을 가지고 있기를 바랐습니다. 그런데 그러한 기대와는 달랐습니다.

"전하, 전하께서 오늘 주책을 부리신 걸 아십니까? 전하의 엉덩볼기가 들어난 걸 아시나요? 계집종이 그걸 보았고 온 백성이 그걸 보았습니다. 얼마나 망신살이 뻗쳤는지..."

『이스라엘 왕이 오늘날 어떻게 영화로우신지 방탕한 자가 염치(廉恥)없이 자기의 몸을 드러내는 것처럼 오늘날 그 신복(臣僕)의 계집종의 눈앞에서 몸을 드러내셨도다』(:20)

사람들에게 창피하다는 소리입니다. 하나님을 기뻐하는 것이 창피하다는 것입니다. 체면이 구겨졌다는 겁니다. 어쩌면 이렇게도 자기의 아버지 사울과 똑같을까 하는 생각이 듭니다.

은혜를 받고 신나할 때
꼭 사탄이 화나는 일을 만든답니다.
은혜를 받는 것도 중요합니다.
그러나 더 중요한 것은
받은 은혜를 쏟게 하는 사탄의 장난에
흔들리거나 넘어가면 안 됩니다.
받은 은혜는 조심스럽게 지켜야 한답니다.

미갈의 야유를 들은 다윗은 그녀의 악(?)한 마음을 여유 있게 받아 넘겼습니다.

"이보게 미갈, 내 춤은 백성들 보라고 춘 것이 아니요. 당신 집안을 버리시고 나를 이스라엘의 왕으로 삼으신 하나님 앞에서 춘 춤이요. 당신이 나의 춤추는 모습을 천하게 여겼을지 모르지만 당신 같은 계집에게 내가 무시당할 사람이 아니요. 난 하나님이 세우신 이 나라의 왕으로서 하나님 앞에서 춤을 춘 거란 말이요!"

『이는 여호와 앞에서 한 것이니라 저가 네 아비와 그 온 집을 버리시고 나를 택하사 나로 여호와의 백성 이스라엘의 주권자를 삼으셨으니 내가 여호와 앞에서 뛰놀리라. 내가 이보다 더 낮아져서 스스로 천하게 보일지라도 네가 말한바 계집종에게는 내가 높임을 받으리라 한지라』(:21-22)

그 후... 다윗은 체면을 하나님 사랑하는 것보다 더 가치 있게 여기는 미갈과는 죽을 때까지 잠자리를 같이 하지 않았답니다.

『그러므로 사울의 딸 미갈이 죽는 날까지 자식이 없으니라』(:23)

다윗은 언약궤를 모신 장막 성전에 수시로 드나들었습니다. 그것이 그의 행복이었습니다. 그 행복을 이렇게 시로 읊었답니다.

『사람이 내게 말하기를 여호와의 집에 올라가자 할 때에
내가 기뻐하였도다
예루살렘아 우리 발이 네 성문 안에 섰도다
예루살렘아 너는 조밀(稠密)한 성읍과 같이 건설(建設)되었도다
지파들 곧 여호와의 지파들이 여호와의 이름에 감사하려고

이스라엘의 전례대로 그리로 올라가는도다

거기 판단의 보좌(寶座)를 두셨으니 곧 다윗 집의 보좌로다

예루살렘을 위하여 평안을 구하라

예루살렘을 사랑하는 자는 형통(亨通)하리로다

네 성 안에는 평강이 있고 네 궁중에는 형통이 있을지어다

내가 내 형제와 붕우(朋友)를 위하여 이제 말하리니

네 가운데 평강이 있을지어다

여호와 우리 하나님의 집을 위하여

내가 네 복을 구하리로다』(시 122:1-9)

❾ 삼하 7:1-3

은혜의 언약

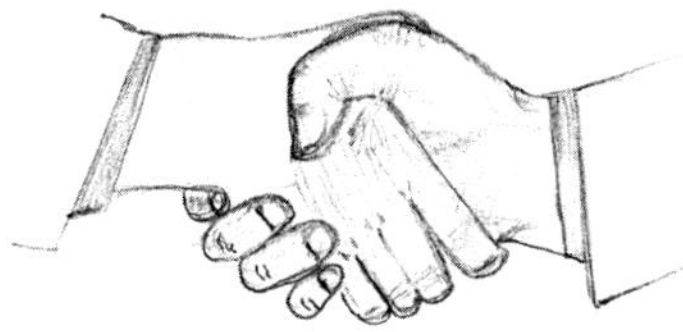

다윗… 행복했습니다. 이젠 더 이상 초조할 필요도 없었고 쫓기지도 않았습니다. 자신과 가정, 오랜 시간 동안 고생을 함께한 동지들, 그리고 온 나라… 그야말로 태평성대(太平聖代)를 이루고 있었습니다. 백성들은 여호와 신앙으로 흔들림이 없었습니다. 다윗 자신은 물론 백성들도 언약궤를 모신 장막 성전에서 하나님께 예배했답니다. 정말 행복했고 평안했습니다.

다윗은 율법을 읽으며 기도하는 일, 그리고 언약궤 앞에 나아가 하나님과 교제하는 것을 중요한 일로 삼았답니다. 언약궤 앞에서 여러 사람을 만났지요. 모두들 신실한 신앙인들이었답니다. 그러던 중 좋은 친구 나단을 사귀었습니다. 성품은 물론 생각이 곧을 뿐만 아니라 하나님의 말씀에 정통한 선지자였습니다. 그와 함께 신앙을 이야기하며 말씀을 나누곤 했답니다. 유익한 시간들이었고... 마침내 왕 다윗은 이 나단을 왕실 선지자로 임명을 했답니다. 그러면서 국사(國事)를 나누기도 하고 함께 말씀을 공부하기도 했으며 많은 경우 함께 장막 성전에 올라가 기도하며 제사하기도 했습니다. 두 사람은 형제 같았습니다.

이 날도 나단과 함께 성전에 올라갔다가 내려오는 길이었습니다. 즐거운 대화를 하면서 왕궁으로 들어오는 길입니다. 다윗이 발걸음을 멈추더니 나단에게 말을 했습니다.

"나단, 내게 마음의 부담이 있소."

나단은 마음에 부담이 있다는 다윗의 말을 듣자 걷던 걸음을 멈춰 궁금하다는 듯 바라보았습니다.

"이보 나단 선지자, 난 백향목으로 만들어진 좋은 궁에서 나날을 편하게 지내고 있는데 하나님의 궤가 바람에 펄럭거리는 휘장 안에 있다는 게 영 마음이 편치 않구려. 내 임금으로서 하나님의 궤를 모실 성전을 건축하는 게 도리가 아닐까 하는 생각이요. 언약궤 앞에 다녀올 때마다 영 마음이 불편해서 부담이 되는구려."

하나님이 계신 장막 성전과 자기가 사는 웅장한 궁궐을 비교하면서 하나님께 대한 송구스러움을 나단에게 말하고 있는 거였습니다. 다윗의 마음이 아름다웠습니다. 진정 하나님께 대한 감사를 가지고 있는 다윗임을 나단은 느낄 수 있었습니다. 아름다운 다윗의 마음에 감동을 받은 듯 나단은 흐뭇한 마음으로 다윗의 손을 잡으면서 말했습니다.

"전하, 여호와께서 왕과 함께 하시니 망설일 것이 무엇입니까? 원하시는 대로 성전을 건축하십시오. 왕은 하실 수 있을 것입니다. 아마 백성들도 무척이나 좋아할 것입니다. 저도 미약하나마 왕을 도와 드리겠습니다."

두 사람이 손을 잡았습니다. 성전을 짓는 일에 힘을 합치자고 다짐을 했습니다. 함께 기도하자고 약속했습니다. 다윗의 하나님에 대한 경외하는 마음을 알고 있었지만 이날 나단은 다윗에게 다시 한 번 감동을 받았답니다.

『여호와께서 사방의 모든 대적을 파하사 왕으로 궁에 평안히 거하게 하신 때에 왕이 선지자 나단에게 이르되 볼지어다 나는 백향목 궁에 거하거늘 하나님의 궤는 휘장 가운데 있도다 나단이 왕께 고하되 여호와께서 왕과 함께 계시니 무릇 마음에 있는 바를 행하소서』(:1-3)

하나님에 대한 애정(愛情)이 남달랐습니다.
정말 하나님을 사랑하는 다윗입니다.
그런데... 나의 마음은 다윗과는 너무 거리가 멀기에
죄송할 뿐입니다.
과연 나도

다윗처럼 하나님의 축복으로 인해 정상에 서게 되었을 때
하나님을 사랑하고 하나님을 존귀히 여기는 마음을
가질 수 있을까 하는 생각을 해봅니다.

그런데 다윗의 그 귀한 마음...
하나님께서 주신 마음이 아니랍니다.
정상에 선 다윗,
자신의 고귀한 지위와 웅장함 때문에
장막의 하나님이 측은하게 보인다고
생각하고 있는 것은 아니겠지요.
성전을 짓고 싶은 마음이 귀한 마음이기는 하지만
하나님이 주신 마음이 아닙니다.
내가 '그렇게 하고 싶을 뿐'입니다.
무엇인가 하나님께 해드리고 싶은 넉넉한(?) 마음일 뿐입니다.
생각하게 하는 내용입니다.

⑩ 삼하 7:4-17

나단에게 말씀하시는 하나님

성전을 건축해서 언약궤를 모시겠다는 다윗의 마음을 들은 나단 선지자는 무척 기뻤습니다. 그 이야기를 듣고 그날 밤 다윗을 생각하느라 나단은 잠을 설쳤답니다. 정말 훌륭한 사람이 왕이 되었구나 하는 생각을 하며 감사의 기도를 하나님께 드렸답니다. 그런데, 그렇게 밤을 지내고 있는데 하나님의 음성이 나단에게 들려왔습니다.

"나단아, 다윗에게 찾아가 나의 말을 전하거라. 나의 집을 건축하지 말라고 말이다!"

나단은 무척이나 놀랐습니다. 성전을 건축하겠다는 마음이 쉽지 않은 마음인데 잘했다는 칭찬과 격려의 말을 하라고 하시는 것이 아니라 성전 건축 계획을 취소하라는 말입니다. 계속된 하나님의 말씀은 이랬습니다. 하나님은 이스라엘을 애굽에서 인도하여 내셨지만 한 번도 고정된 집이라는 곳에 거하신 적이 없으십니다. 시대에 따라 여러 지파에서 지도자를 낸 적이 있었지만 그 어느 때에도 지도자를 배출한 어떤 지파에게도 당신께서 거하실 집을 지으라고 하신 적이 없으신 겁니다. 오히려 천막 속에 계셨다는 거죠. 그러면서 성전 건축 계획을 포기하도록 설득하라는 말씀이었습니다.

『내가 이스라엘 자손을 애굽에서 인도하여 내던 날부터 오늘날까지 집에 거하지 아니하고 장막과 회막에 거하며 행하였나니 무릇 이스라엘 자손으로 더불어 행하는 곳에서 내가 내 백성 이스라엘을 먹이라고 명한 이스라엘 어느 지파에게 내가 말하기를 너희가 어찌하여 나를 위하여 백향목 집을 건축하지 아니하였느냐고 말하였느냐』(:6-7)

하나님의 말씀은 계속되었습니다.

"나단아! 다윗에게 가서 고하거라. 나 여호와가 목동 다윗을 선택해서 이스라엘의 왕을 삼은 것임을 기억하라고. 그렇기에 어디를 가든지 함께 할 것임을 약속한다고 알려 주어라. 모든 대적을 물리쳐 줄 것이고 다윗의 이름을 세상 어떤 영웅의 이름보다도 존귀한 이름으로 만들어 줄 것이라고."

다윗이 다스리는 이스라엘 백성들은 땅을 잃음으로 인해 방황하는 일이 없을 거라는 약속을 한다고 다윗에게 말하랍니다. 외적들의 침략으로 인해 불안했던 사사 시대와는 달리 더 이상 이방 족속들의 침략으로 인한 불안함은 없을 것이라고 말하랍니다.

하나님이 다윗을 위하여 집을 지어 주시겠답니다. 세월이 흘러 다윗이 나이 들어 죽는다 할지라도 나라의 주권은 여전히 다윗 가문이 이어갈 것을 약속한다고 말하랍니다. 그리고 다윗의 뒤를 이을 아들이 성전을 짓도록 하시겠다는 것입니다. 물론 그 아들이 잘못을 하면 하나님이 채찍을 대실 것도 말하라고 하셨답니다. 그러나 사울에게서처럼 왕위를 빼앗아 다른 사람에게 왕권을 주지는 않을 것이라고 말하랍니다. 다윗의 집을 영원히 하나님이 지켜 줄 것이라고.

『그러므로 이제 내 종 다윗에게 이처럼 말하라 만군의 여호와께서 이처럼 말씀하시기를 내가 너를 목장 곧 양을 따르는 데서 취하여 내 백성 이스라엘의 주권자를 삼고 네가 어디를 가든지 내가 너와 함께 있어 네 모든 대적을 네 앞에서 멸하였은즉 세상에서 존귀한 자의 이름같이 네 이름을 존귀케 만들어 주리라 내가 또 내 백성 이스라엘을 위하여 한 곳을 정하여 저희를 심고 저희로 자기 곳에 거하여 다시 옮기지 않게 하며 악한 유로 전과 같이 저희를 해하지 못하게 하여 전에 내가 사사를 명하여 내 백성 이스라엘을 다스리던 때와 같지 않게 하고 너를 모든 대적에게서 벗어나 평안케 하리라 여호와가 또 네게 이르노니 여호와가 너를 위하여 집을 이루고 네 수한이 차서 네 조상들과 함께 잘 때에 내가 네 몸에서 날 자식을 네 뒤에 세워 그 나라를 견고케 하리라 저는 내 이름을 위하여 집을 건축할 것이요 나는 그 나라 위를 영원히 견고케 하리라 나는 그 아비가 되고 그는 내 아들이 되리니 저가 만일 죄를 범하면 내가 사람 막대기와 인생 채찍으로 징계하려니와 내가 네 앞에서 폐한 사울에게서 내 은총을 빼앗은 것 같이 그에게서는 빼앗지 아니하리라 네 집과 네 나라가 내 앞에서 영원히 보전되고 네 위가 영원히 견고하리라 하셨다 하라』(:8-16)

나단은 어안이 벙벙했습니다. 하나님의 다윗을 향하신 사랑이 경이로웠기 때문이었습니다. 그러면서 생각했습니다. 그토록 다윗을 사랑하시는 하나님께서 왜 그토록 다윗을 모질게 훈련시키셨는지도 알 수 있을 것 같았습니다. 자기 아들을 훈련시키신 아버지의 마음을 읽을 수 있었습니다.

하나님의 음성을 들으며 밤을 지새운 나단 선지자는 일찍 왕궁에 들어갔습니다. 왕 다윗을 만나기 위해서였습니다. 지난밤에 들은 하나님의 말씀 전하기 위해서였습니다. 나단 선지자가 왕궁에 들자 다윗은 무척이나 반가웠고 기뻤습니다. 선지자와 더불어 이제부터는 본격적으로 성전 건축 이야기를 해야 하겠기 때문입니다. 다윗은 나단 선지자가 이른 아침 궁에 들어 온 것은 자신과 같은 흥분 때문이라고 생각했습니다. 나단의 얼굴이 수척해 있긴 했지만 다윗의 눈에는 그런 것이 보이지 않았답니다. 자신처럼 성전 건축에 대한 설렘으로 잠을 설쳐 얼굴이 피곤해 보인다고 생각했습니다.

나단 선지자는 다윗의 태도를 보고 그의 마음을 읽을 수가 있었습니다. 성전 건축에 관한 일로 무척이나 흥분되어 있구나 하는 거였습니다. 나단은 다윗이 준비한 테이블에 앉았습니다. 종들이 향기 좋은 차를 끓여 접대 했습니다. 나단 선지자는 차를 한 모금 마시더니 다윗 왕에게 말을 하기 시작했답니다.

"전하, 하나님께서 지난 밤 제게 나타나셨습니다!"

다윗 왕은 흥분되기 시작했습니다. 자신의 성전 건축 계획을 아신 하나님께서 기뻐하신다는 메시지를 주신 것이 아닌가 해서였습니다.

"뭐라고 하셨습니까? 궁금합니다. 어서 말씀해 주십시오!"

다윗의 얼굴은 흥분으로 가득 차 있었습니다.

"예, 전하! 말씀드리지요. 성전을 건축하지 말라고 하셨습니다."

『너는 나의 거할 집을 건축(建築)하지 말라』(대상 17:4)

나단 선지자의 말을 들은 다윗 왕은 갑자기 가슴이 달아오르는 것 같았습니다. 다시 선지자에게 물었습니다.

"지금 뭐라고 하셨습니까?"

"예, 왕께서 성전 건축하기로 계획하신 것을 포기하라고 하신다는 말씀을 드렸습니다."

"그, 그래요!"

실망 속으로 빠져들어 가고 있는 다윗 왕의 모습을 보던 나단 선지자는 다윗의 손을 살며시 잡았습니다. 그리고 부드럽게 말을 하네요.

"전하, 하나님께서 왕을 무척이나 사랑하십니다. 하나님께서 저에게 전하로 하여금 성전 짓는 것을 포기하라고 하시긴 했지만 다른 말씀을 주셨답니다. 들어 보시겠습니까?"

다윗은 힘없이 침묵하고 있을 뿐입니다.

"전하, 하나님께서는 전하의 마음을 알고 계십니다. 전하의 하나님 사랑하는 마음을 모르시지 않습니다. 단지 지금은 때가 아니라는 말씀이었습니다. 그러나 전하의 뒤를 이어 이 나라를 다스릴 임금께, 전하가 그토록 하시고 싶어 하신 성전 건축을 하도록 하시겠답니다. 그러니 실망하지 마십시오. 전하는 비록 성전을 짓지 못하시지만 뒤를 이어 왕위를 이으실 후손께서 성전을 잘 지을 수 있도록 준비해 놓으시면 됩니다."

다윗은 계속 아무 말도 하지 않고 있었습니다. 나단의 말이 고맙기는 했지만 왕위라는 자리가 계속 이어질 지도 모르는 일이고 또한 사람들이 가만히 놔두지를 않는 자리임을 알고 있었기 때문입니다.

나단의 말이 계속되었습니다.

"전하, 내일 일을 걱정하지 마십시오. 하나님께서 제게 주신 말씀이 있습니다. 주께서 전하의 이름을 존귀케 하시겠다고 약속하셨습니다. 뿐만 아니라 이 나라를 견고케 하실 것임은 물론이고 전하의 가문을 굳건하게 세우실 것을 말씀하셨나이다. 주께서 전하의 집을 세우시겠다는 말씀이셨죠! 그러니 아무 염려하지 마시고 주의 말씀을 받으시옵소서."

『나단이 이 모든 말씀과 이 모든 묵시대로 다윗에게 고하니라』(:17)

『너는 나의 집을 건축하지 말라!』(대하 17:4)

다윗에게는 싸늘하게 다가오는 실망과 좌절감의 소리였습니다. 부풀어 있던 다윗의 가슴은 이미 완성된 성전을 보고 있었거든요. 그런데 나단의 첫 말이 귀에 닿자 가슴 속에 있는 성전이 와르르 무너지는 모습이 보였습니다. 어떻게 하나님을 섬겨야 하는지에 대한 방향이 사라지는 것 같았습니다. 동서남북(東西南北) 사방이 모두 깜깜했습니다. 하나님을 기쁘시게 하기 위한 한 방향만 있었는데 그 방향이 막혀 버린 것 같습니다. 하나님의 영광을 위해 어디로 가야 하는지 허탈했습니다. 깊게 숨을 내쉬며 침착해 지려고 애를 썼지만 뜻대로 되지 않았습니다.

나단의 이야기는 계속 되었습니다. 그런데 그의 이야기가 진행될수록 다윗의 막힌 가슴은 신선한 공기를 주입 받는 것 같았습니다. 하나님께서 다윗을 위해 집을 지으실 것이라는 생각지도 못한 은혜의 말씀이었습니다. 허탈, 감동 그리고 감사가 여유도 없이 지나가고 있었습니다.

성전을 건축하는 일은
좋은 일입니다.
그리고 이러한 마음을 품는다는 것도
아무나 할 수 있는 일이 아닙니다.
하나님께서도 다윗의 이 마음을 좋게 여기셨습니다.
『네가 내 이름을 위하여 전을 건축할 마음이 있으니

이 마음이 네게 있는 것이 좋도다』(대하 6:7–9)

그러나 좋은 일 하고 하나님의 뜻 하고는 다릅니다.
성전을 건축하는 것이
하나님을 기쁘게 하는 일이라고 믿고 확신합니다만
때로 그것은 인간의 좋은 생각일 뿐입니다.
우리는 우리가 생각하는 좋은 일이
곧 하나님의 일이라고 생각을 하지만
하나님의 생각과 인간의 생각이 분명히 다릅니다.

역사 가운데 교회들이 많은 교회당을 건축하고 있습니다.
셋방살이를 하는 심정을 이해하지 못하는 것은 아닙니다.
그런데 교회당을 짓는 것이 교회의 목표가 되면
안 된다는 것입니다.
교회당을 사거나 건축을 하면
하나님이 영광을 받으신다는 말 조심해야 합니다.
예술가가 특별 제작하여 지상에서 길이 남을 건물을 건축하여
봉헌을 하는 것이 하나님의 영광을 위함이라고
당사자들은 말할 것입니다.
그러나 건축이 진정 하나님이 명하신 일이고
또 하나님의 뜻일는지요?
물론 그럴 수도 있습니다.
그러나 그렇지 않을 경우도 있다는 것... 명심하십시오!

예배 처소를 건축한 교회를 보면

그것을 무척 자랑스럽게 여깁니다.

그리고 교회를 소개할 때 언제나 건물의 모습을 자랑합니다.

건축물의 크기와 웅장함이 마치 신앙을 나타내는 것처럼 말입니다.

그래서 그런지 더 크게 지으려고 합니다.

더 높게 지으려고 합니다.

그러면 본당 예배 처소를 건축한 후에 그치나요?

그렇지 않습니다.

무슨 말을 만들어 또 건물을 짓습니다. 자꾸 짓는 것입니다.

이유를 들어보면 틀린 말이 하나도 없습니다.

그런데 왠지 대꾸는 못하지만 마음속에는

'이게 아니다'라고 여겨질 때가 많답니다.

큰 교회당 짓는 것보다

아름다운 그리스도인을 만들어 가는 교회

그게 멋진 교회일 텐데요...

한 목회자의 목회가

일평생 건축하는 것에 매달리다가 끝나는 경우가 많습니다.

교회 건축이 하나님의 뜻이라고 믿기 때문이겠죠.

그런데 하나님은 목회자를

건축을 위해 돈 모으는 사람으로 부르시지 않았습니다.

목회자를 부르실 때

아름다운 성전 건축을 위한 헌금을 끌어내는

선동자로 부르신 것이 아니랍니다.

그런데 많은 경우
성경에도 강조하지 않는 건물 건축을 위해
너무나 많은 에너지를 쏟고 있습니다.
건물을 크고 멋있게 지은 목회자가 성공했다고들 합니다,
왜그럴까요?
세상의 사업적 목회 철학이 만연해 있기 때문입니다.
이러한 건물과 목회 성공의 관계는 사탄이 가져다 준
(참된 복음이 아닌) 유사성 복음에 불과합니다.

우리를 부르신 하나님의 목적이 있습니다.
아무리 좋은 일이라고 하더라도
하나님이 나에게 주신 일이 아니라면 하지 말아야 합니다.
우리는 좋은 일을 하려 하지 말고
하나님이 원하시는 일을 해야 한답니다.
하나님이 원하시는 일은 우리 마음에 들지 않을 때가 있습니다.
우리를 귀찮게 하는 일일 수가 있습니다.
그러나 그것이 나를 향하신 하나님의 뜻이라면 순종해야 합니다.
우리는 그것을 십자가라고 합니다.
하고 싶은 일을 하지 말자구요.
하나님이 원하시는 일을 하시자구요.
'내 주의 지신 십자가 우리는 안질까
뉘게나 있는 십자가 내게도 있도다'
'내 몫에 태인 십자가 늘 지고 가리다.

그 면류관을 쓰려고 저 천국 가겠네'

(찬송가 365장 1, 2절)

다윗은 하나님을 위해 『대단한 일』을 할 뻔했습니다.
그러나 하나님께서 그 일을 막으셨습니다.
그리고 오히려 하나님은 다윗을 위하여
대단한 일을 약속하셨습니다.
그것은 다윗과 그 가문을 지켜 주시겠다는 약속이었습니다.

이것이 다윗이 받은 은혜입니다.
우리는 하나님께 영광을 돌리는 삶을 살아야 합니다.
그러나 그보다 더 큰 은혜는
하나님께서 오히려 우리에게 사랑 베푸시기를 더 기뻐하십니다.
하나님은 우리의 이름을 존귀하게 만들어 주기를 원하신답니다.
우리의 집을 세우실 뿐만 아니라
우리의 집을 견고하게 해 주시기를 원하시는 분이
우리의 하나님이시란 말씀입니다.

『나단이 이 모든 말씀과 이 모든 묵시대로 다윗에게 고하니라』(:17)

다윗이 나단으로부터 듣고 싶어 하는 말이 있었습니다.
"내가 밤에 기도하던 중에 하나님으로부터 음성을 들었다네.
하나님께서 성전 건축을 기뻐하시고 그 계획을 칭찬하셨다네!

두려워 말고 일을 추진하세나!"

라는 말이었습니다.

그러나 나단은 다윗이 『듣고 싶어 하는 말』을 하지 않았습니다.

하나님께서 하시는 말씀을 전했을 뿐입니다.

전하고 싶어서 전한 것이 아닙니다.

정말 전하고 싶지 않은 말이었습니다.

그러나 하나님의 말씀이기에 임금이 기다리는 말이 아님을 알지만

하나도 빠뜨리지 않고 전한 거랍니다.

『사람들이 듣고 싶어 하는 말』이 있습니다.

좋은 말, 축복의 말, 격려하는 말, 이해하는 말...

『하나님께서 하시고 싶은 말씀』이 있습니다.

어쩌면 그 말은 듣는 사람을 기분 나쁘게 하는 말일 수도 있습니다.

그러나 그 말을 전하고 그 말을 들어야 합니다.

사람을 좋게 하는 말을 전하지 말고

하나님의 말씀을 전하는 사람이 진짜 좋은 사람입니다.

우리에게도 나단과 같은 사람이 필요합니다.

⓫ 삼하 7:18-29
감사

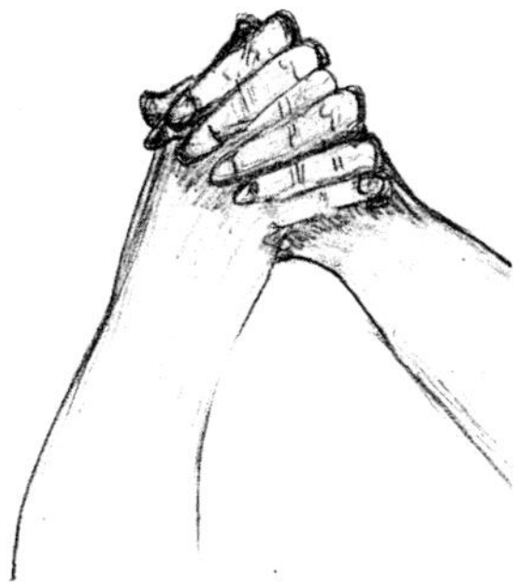

나단의 이야기를 들은 다윗 왕, 일어나 장막 성전으로 들어갑니다. 바람에 날리는 휘장들을 만져 보면서 휘장을 제치고 성전으로 들어갑니다. 장막을 지탱해 주는 버팀목들을 쓰다듬으면서 어제 그렸던 성전을 짓지 못하는 안타까운 마음으로 작은 소리로 중얼거립니다.

"하나님, 성전 지어 드리고 싶습니다.

하나님, 성전 지어 드리고 싶습니다!"

여기 저기 초라한 장막을 만져 보면서 하나님을 생각합니다. 너무 죄송하기에... 자신은 백향목 궁에 살면서 하나님은 바람 스미는 장막에 거하시기에... 죄송함과 고마움에 눈물을 흘리며 장막 여기저기를 더듬어 봅니다.

그러다가 주저앉았습니다.

『주 여호와여 나는 누구오며 내 집은 무엇이관대 나로 이에 이르게 하셨나이까』(:18하)

목동으로 철없이 살던 자신을 이스라엘의 왕으로 기름 부어주심이 기이하고 감사할 뿐이었습니다. 그렇기에 "나는 누구오며 내 집은 무엇이관대..." 하면서 은혜에 감사를 드리고 있습니다.

순종의 아픔... 나단을 통해 들은 하나님의 뜻을 받아들였습니다. 하고 싶은 일... 성전 건축을 포기한 것입니다. 포기하는 것... 쉽지도 가볍지도 않네요. 큰일 결정하는 것도 어려웠지만 결정한 것을 포기하려니 더 어려웠답니다.

성전을 짓고 싶은 마음... 정말 멋진 성전을 짓고 싶었습니다. 그래서 기초가 다져지는 꿈도 꿉니다. 기둥이 올라가는 모습도 상상해 봅니다. 지붕을 입히고 금으로 벽들을 칠하는 생각도 합니다. 성전을 지을 만한 능력도 있었습니다. 그리고 그 지은 성전에서 생전에 한 번 그 멋진 곳에서 웅장한 예배도 드려보고 싶었습니다.

다윗은 성전을 짓지 않았을 뿐 짓고 싶은 마음까지도 버린 것은 아니었습니다. 미리 정해 놓은 터전을 바라보면서 '저곳에 성전이 지어져야 하는데...'

하는 마음을 지울 수가 없었습니다. 성전을 짓지는 않았습니다. 그러나 성전 터 위에 나무를 가져다 놓기 시작했습니다. 돌을 가져다 놓기 시작했습니다. 그리고 그 돌을 다듬게 했습니다. 놋도 철도 그리고 못들도 많이 준비시켰습니다. 외국에서 백향목도 수입했습니다.

『다윗이 명하여 이스라엘 땅에 우거(寓居)하는 이방 사람을 모으고 석수를 시켜 하나님의 전을 건축할 돌을 다듬게 하고 다윗이 또 문짝 못과 거멀못에 쓸 철을 한없이 준비하고 또 심히 많아서 중수를 셀 수 없는 놋을 준비하고 또 백향목을 무수히 준비하였으니 이는 시돈 사람과 두로 사람이 백향목을 다윗에게로 많이 수운하여 왔음이라』(대상 22:2-4)

순종은 고통입니다. 아픔입니다.
그러나 순종하는 사람을 보면 아름답답니다.
순종이 쉽다면 문제가 되지 않습니다.
순종이 어렵기 때문에 아름답게 보이는 것이고
가치가 있는 거랍니다.
아브라함의 순종, 모세의 순종, 예수님의 순종, 바울의 순종,
모두 고통스러운 순종이었습니다.
그러나 저들의 열매는 얼마나 아름다운지요.
눈물을 흘리더라도
다윗처럼
순종하는 아픔
무척 아름다운 것입니다.
나도 그런 순종의 사람 되기를 기도합니다.

나단을 통해 들은 하나님의 말씀... 가문에 복을 주시겠다는 말씀, 지금까지도 하나님의 은혜로 살아온 것 감사한데 자손만대에 축복해 주시겠다는 말씀, 얼마나 감사했는지요. 초라하기 그지없는 존재를 왕으로 삼아 주신 것만도 감사한데 축복을 약속해 주시니 감당할 길이 없었습니다. 그래서 감사했습니다. 예배드렸답니다. 좋은 것을 받은 은혜... 너무 기뻤답니다.

『주 여호와여 오직 주는 하나님이시며 말씀이 참되시니이다
주께서 이 좋은 것으로 종에게 허락하셨사오니
이제 청컨대 종의 집에 복을 주사 주 앞에 영원히 있게 하옵소서
주 여호와께서 말씀하셨사오니
주의 은혜로 종의 집이 영원히 복을 받게 하옵소서 하니라』(:28-29)

『주의 은혜로 종의 집이 영원히 복을 받게 하옵소서!』
주의 은혜로...
영혼이 행복하고 풍성하기를 바랍니다.
주의 은혜로...
생각이 밝고 맑으며 마음이 푸근하기를 바랍니다.
주의 은혜로...
육신도 건강하길 바라고요.
주의 은혜로...
자녀들이 예수 잘 믿기를 바랍니다.
주의 은혜로...
모든 친척들과 화목하기를 바랍니다.

주의 은혜로...

직장 생활이 아름답기를 바라고요

주의 은혜로...

하는 사업이 번창하기를 바랍니다.

주의 은혜로...

사람들에게 존경받기를 바라고요

주의 은혜로...

영원히 복 받은 사람이라는 칭찬 듣기를 바랍니다.

주의 은혜로...

우리 모두 영원한 나라에서 살 것 생각하니 가슴 벅차네요.

주의 은혜...

풍성하기를 기도할께요!

⓬ 삼하 8:1–14

강해지는 이스라엘

나단을 통해 하나님으로부터 축복의 말씀을 들은 다윗은 이스라엘을 어떻게 다스려야 할지를 생각하기도 하고 기도하기도 했습니다. 자신이 하나님의 백성을 잘 다스려야 하는 책임자임을 알았기 때문입니다. 그래서 먼저 주변 국가와의 관계를 어떻게 해야 하나님께서 자신을 왕 삼으신 뜻을 성취할 것인가를 생각했답니다.

나라 안 내치(內治)는 그런대로 문제가 없었습니다. 문제는 주변의 국가들과 어떻게 관계를 맺어야 하는가였습니다. 주변 국가들은 우상을 숭배하는 나라들이었습니다. 저들은 수세기 동안 이스라엘을 괴롭혀 왔고 이스라엘로 하여금 우상을 섬기도록 유혹한 나라들이었지요. 이스라엘을 우습게 여겼고 죄를 짓게 한 나라들이었습니다. 문제는 이스라엘이 유혹을 받아 넘어지기도 했었고 어느 경우에는 학대를 받고 통치를 받으면서 저들의 못된 풍습과 우상들을 받아들이고 하나님을 떠나서 살아왔다는 것입니다.

다윗은 주변 국가들의 악함과 행태를 알고 있었습니다. 주변 국가들이 이스라엘을 우습게 알고 심심하면 쳐들어옴으로 해서 거룩한 하나님의 자녀들인 이스라엘 땅에 우상 숭배가 성행하면 안 된다는 생각이었습니다. 그래서 누구도 넘볼 수 없는 이스라엘로 만들기 위해 주변 국가를 정리하기로 했습니다. 하나님께서 다윗의 이 마음을 모르실 리가 없으셨는지 다윗이 가는 곳마다 승리를 주셨답니다.

『다윗이 어디를 가든지 여호와께서 이기게 하시니라』(:6)

첫 번째 공격은 블레셋이었습니다. 다윗의 배신에 이를 갈고 있던 블레셋의 기를 먼저 꺾어 놓고 난 후에 다른 족속들을 정리하는 것이 안전했기 때문입니다. 게다가 블레셋에게 먹히고 나면 헤어나기 어렵다는 것을 알고 있었기 때문이지요.

다윗은 군사를 이끌고 블레셋 땅 「메덱암마」라는 곳을 공격했습니다. 메덱암마라는 곳을 정복하는 것은 어렵지 않았습니다. 그러나 그곳을 정복함으로 인해 블레셋으로 하여금 이스라엘을 더 이상 넘보지 못하도록 하는 계기가 되었답니다.

『다윗이 블레셋 사람을 쳐서 항복 받고 블레셋 사람의 손에서 **메덱암마**를 빼앗으니라』(:1)

서쪽의 블레셋을 무력화(無力化)시킨 다음 다윗은 동쪽에 있는 모압도 공격했습니다. 만만한 존재가 아니었습니다. 싸움을 좋아하는 사람들이 많았고 무엇보다도 키가 큰 사람들이 많았습니다. 이스라엘 사람들은 모압의 기고만장한 사람들만 보면 기가 죽어 피하곤 했었답니다. 그런데 다윗이 모압을 정복한 겁니다. 얼마나 신이 났었는지요.

모압을 정복한 이스라엘 군사 중에 한 사람이 나섰습니다. 그러더니 모압 사람들을 일렬로 세우는 것입니다. 사람들은 뭘 하는지 몰랐습니다. 포로 된 모압 사람들을 모두 엎드리라고 호령을 하니 그대로 땅바닥에 납작 엎드려 있

「메덱암마」라고 하는 곳이 어디인지는 분명하지 않지만

역대상 18장 1절에서는 가드와 그 동네라고 표현을 하고 있습니다. 아마도 블레셋의 수도 가까이 있는 도시일 거라는 생각이 들기도 하고, 블레셋 군사력의 집결지가 아닌가 하는 생각이 듭니다. 따라서 그곳을 공격함으로 인해 블레셋의 군사력을 마비시킨 것이겠죠.

는데 군사 한 사람이 줄자를 가지고 오더니 줄자보다 키가 큰 사람과 줄자보다 키가 작은 사람을 따로 세웁니다. 모압 사람들은 영문을 알 수가 없었습니다. 그러더니 줄자보다 키가 큰 사람들을 묶어 어디론가 데리고 가는 것입니다. 그리고 줄자보다 키가 작은 사람들에게는 살고 싶으면 노예가 되라고 합니다. 줄자보다 키가 큰 사람들이 간 곳에 대하여 누군가가 물었습니다.

"키 큰 사람들은 어디로 갔습니까?"

"야, 이놈들아 우리가 그 허우대가 멀쩡한 놈들 때문에 얼마나 핍박을 받았는줄 아냐? 그 놈들의 횡포에 가족이 죽고 매 맞아 터지고... 그 키 큰 놈들은 모두 황천길 보냈다 이놈들아! 너희들은 키 작은 걸로 덕본 줄 알아라! 자식새끼들 키울 때도 말해! 죽기 싫으면 이스라엘 사람들보다 키 크지 말라고! 알것느냐 이놈들아?"

『다윗이 또 모압을 쳐서 저희로 땅에 엎드리게 하고 줄로 재어 그 두 줄 길이의 사람은 죽이고 한 줄 길이의 사람은 살리니 모압 사람이 다윗의 종이 되어 조공을 바치니라』(:2)

이스라엘 북쪽으로 「소바」라고 하는 족속이 있었습니다. 하닷에셀이라는 사람이 그 족속의 왕이 되어 다스리고 있었습니다. 그의 부친은 르홉이라는 사람이었지요. 이 하닷에셀은 자기 나라뿐만 아니라 북쪽의 작은 나라들을 규합한 동맹국들의 대표적인 지도자였습니다. 그의 힘은 대단했답니다. 그런데 그가 통치하고 있는 북 동맹국들 가운데 유브라데 강 근처의 한 작은 나라가 하닷에셀로부터 통제받는 것을 거부하고 독립을 한 것입니다. 그 일로 인해 하닷에셀은 얼마나 열이 났는지요. 그래서 화가 난 하닷에셀은 자신의 세력을 회복하고 겁 없이 독립한 그 족속을 혼내주기 위해서 군사를 이끌고 가는 중이었답니다.

북부 동맹국들의 세력은 대단했었습니다. 정치는 물론 군사력까지 단일 연합 체제였으니 얼마나 강했겠으며 경제력까지도 하나가 되어 있으니 대단한 존재인 것입니다. 막강한 북부 연합체... 다윗은 이 동맹국들의 힘을 분산시켜야 이스라엘이 위협을 받지 않고 안전할 것임을 알고 있었습니다. 그래서 하닷에셀이 모든 군대를 이끌고 유브라데 강 쪽으로 갈 때 기습 공격을 하게 하였답니다. 공격은 대단했습니다. 그리고 승리를 얻었답니다. 북부 연합을 이긴 겁니다.

하닷에셀 군대는 대단했었습니다. 전쟁을 승리로 이끈 후에 포로로 잡은 사람들만 해도 마병 1,700명과 보병 20,000명이었답니다. 이는 전투할 수 있는 군인들을 포로로 잡아 북부 연맹이 더 이상 힘을 쓸 수 없을 만큼 완전히 무기력해졌음을 의미하는 거였습니다.

무수한 사람들은 물론이고 저들이 끌고 온 말들 역시 무척이나 많았습니다. 다윗은 자기 신하들에게 명령했습니다.

"여봐라, 백 마리만 남겨두고 나머지 말들은 뒤꿈치 힘줄을 모두 잘라버려라. 저놈들이 타고 도망할지 누가 알겠나!”

다윗의 명령에 따라 신하들은 하닷에셀의 나머지 말들로 하여금 뛰지 못하도록 발뒤꿈치의 힘줄을 끊어버렸답니다.

『그 마병 일천칠백과 보병 이만을 사로잡고 병거 일백 승의 말만 남기고 그 외의 병거의 말은 다 발의 힘줄을 끊었더니』(:4)

하닷에셀 왕과 연합군이 다윗에게 패했다는 소문이 퍼졌습니다. 그 소문은 하닷에셀과 유브라데 전투에 참여하지 않았던 다메섹의 아람 사람에게 들렸습니다. 아람(다메섹) 족속은 소바 족속의 가까운 우방이었습니다. 자신들의 우방이 이스라엘의 다윗에게 당했다는 소식을 듣고 하닷에셀을 돕겠다고 출정을 했으나 다윗의 군대를 이길 수가 없었습니다. 다윗과 싸우러 온 아람군은 군사 22,000명의 목숨을 빼앗기면서 크게 패했답니다. 뿐만 아니라 다윗은 아람의 다메섹에 경비대를 주둔시켜 아람을 감독하게 했습니다. 물론 아람으로부터 조공을 받기 시작했지요.

『다메섹 아람 사람들이 소바 왕 하닷에셀을 도우러 온지라 다윗이 아람 사람 이만 이천을 죽이고 다메섹 아람에 수비대를 두매 아람 사람이 다윗의 종이 되어 조공을 바치니라』(:5-6상)

다윗은 소바 족속과 아람 족속을 꼼짝 못하게 하였습니다. 북부 동맹국의 수장역할을 하던 소바 족속의 하닷에셀의 신복들은 다른 족속에게서 볼 수 없던 금(金)방패를 가지고 있었습니다. 다윗은 이런 진귀(珍貴)한 물건들을 빼앗아 예루살렘으로 가져 왔고 당시 귀한 놋들까지도 모두 빼앗았습니다. 이렇게 해서 다윗은 북부지방을 점령했답니다.

무수히 많은 금들이 있었습니다. 그리고 놋들도 있었습니다. 다윗은 빼앗은 금과 놋들을 모두 다 하나님의 전 창고에 들이도록 했습니다. 군사들에게 나눠주지 않았답니다. 전에 같으면 전쟁에서 수고한 사람들에게 포상으로 주었을텐데 그러지 않았습니다.

『다윗이 하닷에셀의 신복들의 가진 금방패를 빼앗아 예루살렘으로 가져오고 또 하닷에셀의 고을 베다와 베로대에서 매우 많은 놋을 빼앗으니라』(:7-8)

다메섹 북쪽으로 약 190Km 지점에 도이라는 사람이 「하맛」이라는 이름으로 신생 국가를 형성하고 있었습니다. 이 신생 국가가 발흥(發興)하는 것을 하닷에셀이 가만히 보고만 있지를 않았습니다. 괴롭게 하곤 했겠죠. 그런데 이 하닷에셀이 이스라엘 왕 다윗에게 무릎을 꿇었다는 소식을 전해듣고 하맛 왕 도이는 너무나 기뻤습니다. 반면에 하닷에셀을 무찌른 다윗이 두렵기도 했습니다. 그래서 도이 왕은 자신의 친아들 요람을 이스라엘로 보내기로 했습니다. 사신으로 말입니다. 군사력으로 공격당하기 전에 강대국에게 고개를 숙이는 것으로 외교를 하겠다는 거였죠. 물론 빈손으로 아들을 보내지 않았습니다. 은그릇과 금그릇, 놋그릇을 가지고 다윗에게 가도록 했습니다.

『하맛 왕 도이가 다윗이 하닷에셀의 온 군대를 쳐서 파하였다 함을 듣고 그 아들 요람을 보내어 다윗 왕에게 문안하고 축복하게 하니 이는 하닷에셀이 도이로 더불어 전쟁이 있던 터에 다윗이 하닷에셀을 쳐서 파함이라 요람이 은그릇과 금그릇과 놋그릇을 가지고 온지라』(:9-10)

다윗의 성전 건축 준비

다윗의 머릿속에는 온통 하나님의 성전 건축을 위한 것으로

성경은 다윗이 전쟁에서 빼앗은 것들을
하나님께 바쳤다고 말하고 있습니다.

『다윗 왕이 그것도 여호와께 드리되 저가 정복한 모든 나라에서 얻은 은금 곧 아람과 모압과 암몬 자손과 블레셋 사람과 아말렉에게서 얻은 것들과 소바 왕 르홉의 아들 하닷에셀에게서 노략한 것과 같이 드리니라』(:11-12)

『하나님께 바쳤다?』 무슨 의미로 기록한 것일까요?
나단을 통해 들은 말씀 "아들로 하여금 성전을 짓게 하겠다."는 말씀, 그 말씀을 기억하면서 성전 지을 때 필요한 재물들을 모아 놓고 있습니다.

『또 하닷에셀의 성읍 디브핫과 군에서 심히 많은 놋을 취하였더니 솔로몬이 그것으로 놋바다와 기둥과 놋그릇들을 만들었더라』(대상 18:8)

『다윗 왕이 그것도 여호와께 드리되 에돔과 모압과 암몬 자손과 블레셋 사람과 아말렉 등 여러 족속에게서 취하여온 은금과 함께 하여 드리니라』(대상 18:11)

가득 차 있었답니다.
지금이라도 성전을 지을 수 있지만
하나님이 하지 말라고 해서 건축을 하지 않을 뿐
건축하고 싶은 마음까지 버린 것은 아니었습니다.
순종하려는 것뿐입니다.

준비하는 것 배워야겠네요.
내 때는 이룰 수 없는 일입니다.
그러나 내 자식이 하나님의 위대한 일을 할 것을 준비하고
있습니다.
내 자식을 통해 하나님의 큰 영광을 드러낼 수 있도록
준비하는 것
얼마나 아름다운지요.
자녀 때, 우리가 하나님께 해 드리지 못한 것을
해 드릴 수 있도록 준비하십시오.
하나님은 그 마음을 받으시고 기뻐하신답니다.

다윗이 북쪽에서 소바와 싸우면서 정복을 하고 있을 때,남쪽에서는 요압과 아비새를 중심으로 악한 세력인 에돔 족속과 싸우고 있었습니다. 에돔 족속을 정복하는 것은 만만치 않았습니다. 요압과 아비새를 중심으로 에돔 족속 징벌 계획을 했습니다만 싸움은 밀리는 경우도 있었습니다. 아마도 두 장수가 에돔과의 싸움을 힘겨워하고 있었는가 봅니다. 그러한 소식을 들은 다윗은 하나

님께 기도했고 하나님은 다윗의 기도를 들으시고 요압과 아비새를 도우셔서 승리케 하셨답니다. 요압과 아비새는 힘든 싸움을 승리로 이끌고 다윗에게 보고하자 다윗이 이렇게 시(詩)를 썼습니다.

하나님이여 주께서 우리를 버려 흩으셨고 분노하셨사오나
지금은 우리를 회복시키소서
주께서 땅을 진동(震動)시키사 갈라지게 하셨사오니
그 틈을 기우소서 땅이 요동함이니이다
주께서 주의 백성에게 어려움을 보이시고
비척거리게 하는 포도주로 우리에게 마시우셨나이다
주를 경외하는 자에게 기(旗)를 주시고
진리를 위하여 달게 하셨나이다(셀라)
주의 사랑하시는 자를 건지시기 위하여
우리에게 응답(應答)하사 오른손으로 구원하소서
하나님이 그 거룩하심으로 말씀하시되
내가 뛰놀리라 내가 세겜을 나누며
숙곳 골짜기를 척량(尺量)하리라
길르앗이 내 것이요 므낫세도 내 것이며
에브라임은 내 머리의 보호자요
유다는 나의 홀이며
모압은 내 목욕통이라 에돔에는 내 신을 던지리라
블레셋아 나를 인하여 외치라 하셨도다
누가 나를 이끌어 견고한 성에 들이며 누가 나를 에돔에 인도할꼬

하나님이여 주께서 우리를 버리지 아니하셨나이까

하나님이여 주께서 우리 군대와 함께 나아가지 아니하시나이다

우리를 도와 대적을 치게 하소서 사람의 구원은 헛됨이니이다

우리가 하나님을 의지하고 용감히 행하리니

저는 우리의 대적을 밟으실 자심이로다(시 60:1-12)

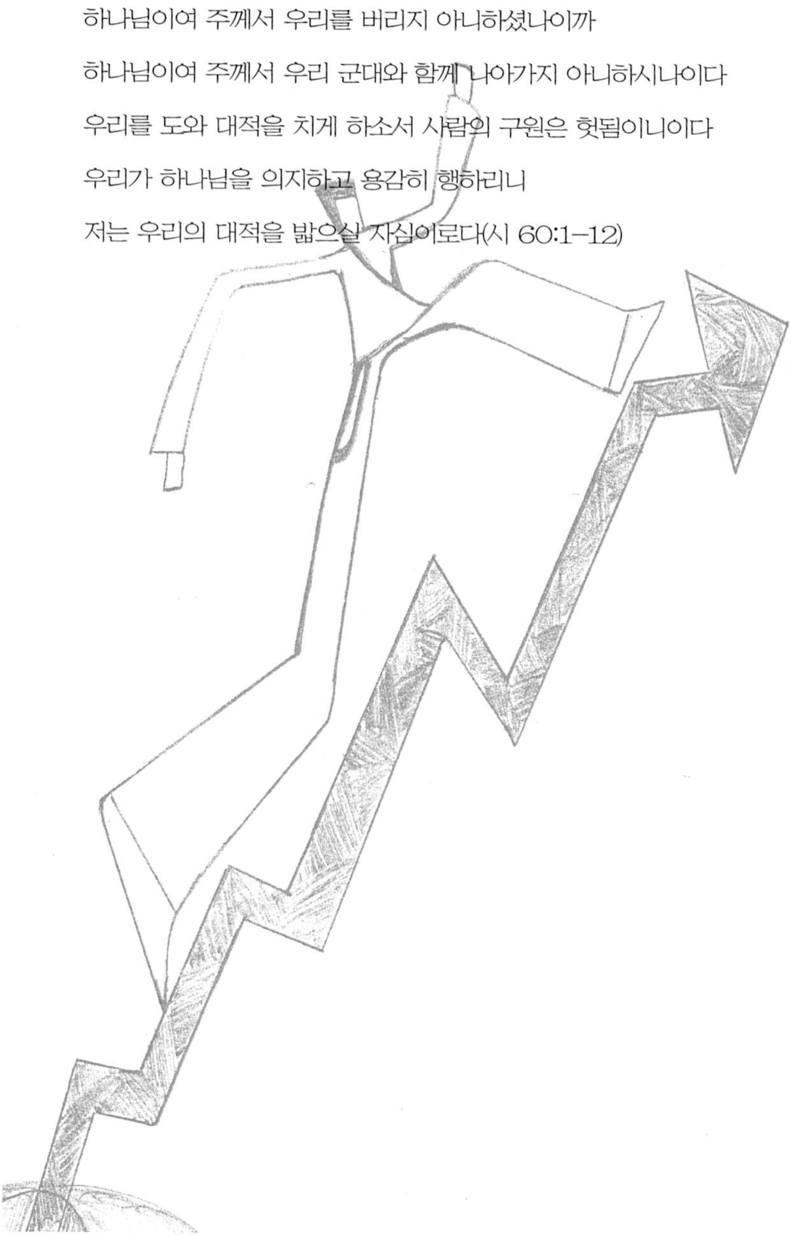

⑬ 삼하 8:15-18
다윗의 정치와 정부 조직

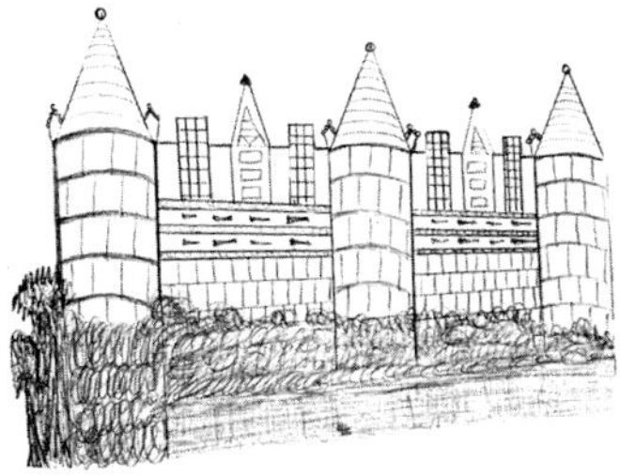

다윗의 주변 족속 정벌은 하나님 백성을 위한 나라를 든든하게 세우는 것이었습니다. 아주 잘 해냈습니다. 그러나 그 일을 해 낸 다윗은 스스로가 잘났기에 해낸 일이라고 교만하지 않았답니다. 그는 전쟁마다 승리할 수 있었던 것은 모두가 하나님의 은혜임을 분명히 하고 있었답니다.

나라를 굳게 세운 다윗, 이제는 백성들을 하나님의 법, 공의를 따라 다스렸답니다. 공의를 따라 합리적으로 인사를 했습니다. 공력과 능력에 따라 국가 서열 제 2인자의 자리인 군대장관의 자리에 요압을 세웠습니다. 여호사밧이라는 학자를 역사 기록관으로 삼았고, 신앙의 문제를 위해서는 사독과 아히멜렉을 세웠습니다. 아히멜렉은 실로 성전의 정통성을 이어간다는 상징적인 의미가 있었기에 중요한 제사장이었고, 사독은 새 수도인 예루살렘에서 나온 제사장으로 상징적인 의미가 있었습니다. 이스라엘 족속의 풍성한 신앙생활을 위해 두 사람의 제사장을 세우게 되었습니다.

서기관으로서는 스라야를 세웠고 항상 골칫거리인 블레셋 사람들을 주로 관장하기 위한 장군으로 그렛 사람인 브나야를 세웠답니다. 그리고 다윗은 자신의 아들들에게 크고 작은 장관직을 주었습니다. 헤브론에서 낳은 아들들은 벌써 성인이 되어 활동하고 있었거든요. 게다가 하나님께서 아들들 가운데 왕이 나올 것을 알려 주셨기 때문에 어려서부터 정치 수업을 시키는 것이 좋다는 생각으로 관직을 준 거랍니다.

『다윗이 온 이스라엘을 다스려 모든 백성에게 공과 의를 행할 새 스루야의 아들 요압은 군대 장관이 되고 아힐룻의 아들 여호사밧은 사관이 되고 아히둡의 아들 사독과 아비아달의 아들 아히멜렉은 제사장이 되고 스라야는 서기관이 되고 여호야다의 아들 브나야는 그렛 사람과 블렛 사람을 관할하고 다윗의 아들들은 대신이 되니라』(:15-18)

사람을 잘 세워야 합니다.
어떤 자리를 누가 맡아야 하는지를 알고
적임자에게 일 맡기는 것이 중요합니다.

자리라는 것은 영광의 자리이기 전에

다른 사람을 행복하게 해 주고 바른 삶을 살도록 하기 위한

섬김의 자리랍니다.

그렇기에 사람을 세울 때

적임자가 아니면 세우지 마십시오.

그러나 그 일에 적격자라면 세워야 합니다.

감정에 치우치면 일을 그르치게 됩니다.

정 때문에 사람을 세운다면 그 또한 일을 망치게 되는 것입니다.

지혜자는 적격자를 제 자리에 앉힌답니다.

물론 성실한 신앙이라는 걸 기본으로 하는 것은 말할 것도 없구요!

⓮ 삼하 9:1-8

사울의 집안 사람을 찾아라

사울 집안은 완전히 망했습니다. 사울 왕과 그의 아들 요나단의 죽음과 함께 무너지기 시작한 것입니다. 망한 나라를 회복해 보겠다고 마하나임에 임시 정부를 세워 바둥거리던 이스보셋도 자신의 부하에 의해 암살되었습니다.

다윗은 이스라엘의 왕이 되었습니다만 사울 집안을 무너뜨리고 왕이 되었다는 역사적 평가는 피할 수 없었습니다. 이것으로 인해 다윗 자신도 왠지 부인할 수 없는 부담감이 있었습니다. 자신이 모시던 왕의 자리를 신하였던 자신이 앉아 있다는 그 자체가 심리적 큰 부담인 것이지요. 이스보셋의 죽음 역시 자신을 왕의 자리에 앉을 수 있도록 한 사건인 것만은 분명했습니다. 사울의 뒤를 이어 왕이 되어야 할 유일한 사람이었는데 죽었으니 말입니다.

나라가 안정이 되고 백성들이 평안한 시간들을 보내고 있을 때면 10여 년 전에 함께 우정을 나누던 요나단이 생각나곤 했습니다. 왕자였던 요나단이 베풀어 준 진심어린 사랑을 잊을 수가 없었던 것이지요. 쫓겨 다니는 자신에게 왕이 될 것이라고 격려를 해 주던 생각... 왕이 된 다음 자신의 후손들을 보호해 달라고 부탁하던 것... 생생하게 떠오르곤 했습니다.

사울 집안의 패망과 사실이든 아니든 간에 그를 짓밟고 왕이 되었다는 역사적인 부담 그리고 요나단에 대한 생각이 어우러진 가운데,다윗은 사울 집안에 자비를 베풀고 싶은 마음으로 울적하곤 했습니다. 누구든지 사울 집안사람이 남아 있다면 풍성한 은총(hesed)을 베풀고 싶었습니다. 그래서 표현할 수 없는 사울 집안에 대한 부담을 희석 내지는 보상해야겠다는 결심을 했습니다. 신하들을 불러 명령했습니다. 사울 집안에 남아 있는 사람이 있는지를 조사하라고.

『다윗이 가로되 사울의 집에 오히려 남은 사람이 있느냐 내가 요나단을 인하여 그 사람에게 은총을 베풀리라 하니라』(:1)

므비보셋... 오래 전 블레셋이 이스라엘을 침공했을 때입니다. 다윗은 사울로부터의 생존을 위하여 스스로 블레셋 아기스의 종이 되어 있었고 이 전쟁이 일어날 당시 다윗도 블레셋 군과 연합하여 이스라엘을 친다는 소문이 있었습니다. 다윗의 처지를 이해 못하는 이스라엘 백성들은 블레셋에 붙어사는 다윗을 매국노(賣國奴)라고 취급하고 있었습니다. 블레셋을 등에 업고 팔십 세의 사울 왕을 치고 왕이 되려고 한다는 소문이 파다했었습니다. 이 소문은 이스라엘 왕실을 분노로 흥분시키기에 충분한 자극이었습니다. 다행히도 요나단은 다윗을 그렇게 생각하지 않았지만 대부분의 사람은 다윗을 매국노(賣國奴)요 포악하고 지독한 사람으로 생각하고 있었던 것입니다. 왕실에서의 많은 대화는 「다윗의 악」에 대한 이야기였습니다.

왕실에서 귀여움을 받고 훗날에 왕이 될 사람으로 귀하게 자라고 있던 아이가 있었습니다. 므비보셋이었습니다. 요나단의 다섯 살 난 아들이었답니다. 사울 왕은 므비보셋을 무척이나 사랑했습니다. 칠십 오 세의 고령(高齡)에 본 손자이기에 사울에게는 특별히 사랑스러운 손자였습니다. 무릎에 므비보셋을 앉히고 즐거워했답니다. 그런데 그러다가도 다윗에 관한 보고와 이름을 들으면 할아버지 사울은 화를 내곤 했습니다. 그렇게 좋던 할아버지가 다윗이라는 말만 나오면 무서운 할아버지가 되는 거였습니다. 므비보셋은 다윗 때문에 화가 난 할아버지 사울을 보면서 영아기를 지냈답니다.

전쟁이 났답니다. 할아버지도 아버지 요나단도 전쟁에 나가야 했습니다. 할아버지는 갑옷을 입으시면서도 다윗이라는 사람을 못내 미워하는 말을 합니다. 그리고 하시는 말씀이 다윗이 살아 있는 한 그 놈이 우리 집안을 망하게 하고 왕이 되려고 할 것이라는 말을 합니다. 어린 나이의 므비보셋은 무슨 말인지 몰라도 기억 속에는 할아버지 사울이 다윗을 무척이나 미워한다는 것은 남아 있었습니다. 아니 다윗은 아주 나쁜 사람으로 남아 있었답니다.

할아버지 사울과 아버지 요나단이 전쟁에 나갔습니다. 며칠을 기다렸습니다. 궁궐의 분위기가 심상치 않았습니다. 그러던 어느 날 전쟁터에서 흙을 뒤집어쓰고 상처 입은 군인이 허겁지겁 오더니 전쟁이 완전히 패했고 사울 왕과 요나단은 물론 다른 왕자들 모두가 전사했다고 하는 것입니다. 그러면서 빨리 이 왕실을 피해야 한다는 겁니다. 아이 므비보셋은 아무 것도 모릅니다만 전쟁터에서 온 군인의 말을 듣자 유모는 정신없이 어린 므비보셋을 들쳐 안았습니다. 그리고 왕궁을 빠져나갔습니다. 왕의 핏줄을 어떻게 하든지 살려야겠다는 유모의 충성스런 마음이었습니다.

그런데 유모의 허둥대는 조급한 마음이 불행을 가져오고 말았습니다. 한참 뛰던 유모의 다리가 힘이 없었는지 그만 넘어지면서 어린 므비보셋도 함께 나가 떨어지고 만 겁니다. 므비보셋이 찢어지는 소리로 울어댔지만 유모는 넘어진 고통이겠거니 하고 아무런 생각 없이 달리고 또 달렸습니다. 그런데 아이 므비보셋의 울음이 그치지를 않았답니다. 어디쯤 갔을까? 땀으로 젖은 몸을 숨기고 우는 므비보셋을 달래보려 했습니다. 그런데 아이의 울음이 그치지도 않고 오히려 더더욱 자지러지게 울 뿐입니다.

그런데 이게 웬일인가요? 므비보셋의 두 다리가 부러진 것입니다. 뼈가 부러졌습니다. 유모는 어찌해야 하는지 몰랐습니다. 부러진 뼈가 살을 찢고 튀어나와 있는 것을 어찌해야 하는지 몰랐습니다.

『사울의 아들 요나단에게 절뚝발이 아들 하나가 있으니 이름은 므비보셋이라 전에 사울과 요나단의 죽은 소식이 이스르엘에서 올 때에 그 나이 다섯 살이었는데 그 유모가 안고 도망 하더니 급히 도망하므로 아이가 떨어져 절게 되었더라』(4:4)

므비보셋은 그 후에 로드발 암미엘의 아들인 마길의 집에서 살았습니다. 『로드발』이라는 말은 목초가 없는 황무지라는 말입니다. 마하나임 근처에 있는 황무지에서 사는 가난한 사람의 집에서 살게 된 것입니다. 지난 정권의 핏줄이기에 숨어서 말입니다. 마길은 다섯 살의 어린 아이가 다리가 부러져 고통스러워하는 것을 긍휼히 여겨서 치료해 주고 갈 곳 없는 것을 알고 그때부터 지금까지 먹여주고 재워주며 키워주었답니다.

다섯 살의 므비보셋이 왔을 당시 처음 혼란기에는 그가 누구인지를 몰랐습니다. 유모도 말하지 않았습니다. 아니 말할 수 없었습니다. 만일 사울의 손자라는 신분이 알려지게 된다면 다윗의 군사에게 신고를 할지도 모르기 때문이었습니다. 가능하면 신분을 숨기려고 노력해 온 거랍니다.

사울 왕의 신하였는데 역사적 격랑기에 다윗의 신하 된 사람이 있었습니다. 시바라고 하는 사람이었습니다. 다윗은 그 사람을 불러 사울 집안 사람 중에 살아 있는 사람이 있는지를 물었습니다.

시바는 머리가 신속하게 돌아가기 시작했습니다. 다윗이 사울 집안 사람의 씨를 말리려고 한다는 생각이었습니다. 그는 사울 집안의 사람으로서 어디에 누가 있는지를 알려주면 다윗 왕이 기뻐할 것이라는 생각을 했습니다. 그렇게 되면 공로를 인정받아 포상 받을 거라고 계산한 겁니다. 전(前) 왕가 핏줄들의 거처와 움직임에 대한 정보를 상세히 가지고 있었던 시바는 머뭇거리지 않고 말했습니다. 출세의 기회였거든요!

『요나단의 아들 하나가 있는데 절뚝발이니이다』(:3하)

『로드발 암미엘의 아들 마길의 집에 있나이다』(:4하)

마길의 집입니다. 워낙 황량한 곳이기에 가난하기는 하였으나 수년 동안 그런대로 평온한 마을이고 집이었습니다. 그 평온한 마을에 말을 탄 군사들이 먼지를 일으키며 찾아왔습니다. 마길은 잠깐 놀라기는 하였지만, 반면에 므비보셋은 심장이 멎는 것 같은 모습으로 파르르 떨고 있었습니다. 자신은 언제인지는 모르지만 할아버지와 아버지를 죽게 한 다윗으로부터 죽임을 당할 것이라 생각하고 있었기 때문입니다. 그래서 다윗 정부가 들어선 이후로는 군사들의 모습만 보더라도 가슴이 두근거린 것입니다. 목발을 짚은 므비보셋의 모습은 삐쩍 마른 초췌한 모습이었습니다. 어느 모로 보아도 왕실의 자손 같은 모습이 없었습니다. 군사들을 본 므비보셋은 올 것이 왔구나 하는 모습입니다. 예견했던 대로 역적(逆賊) 다윗의 칼에 죽을 것을 각오한 모습이었습니다. 말을 탄 군사들이 마길에게 므비보셋을 찾는다고 말하는 것을 들었습니다. 영문을 아는지 모르는지... 마길은 겁먹은 표정이었습니다. 그리고 므비보셋에게로 군사들을 안내하려 했답니다. 지켜보던 므비보셋은 자신을 찾는 군사들 앞에 절뚝거리며 목발을 짚고 나타났습니다.

"내가 므비보셋이요."

담대하게 나타났지만 그의 목소리는 두려움 섞인 목소리임을 쉽게 알 수 있었습니다. 군사들은 므비보셋에게 다윗 왕의 부르심이 있으니 동행할 것을 정중히 권했습니다. 므비보셋은 군인들이 끌고 온 말에 올라탔습니다. 두려웠습니다. 마지막으로 제거되는 사울 왕의 자손이 된다는 생각 때문이었습니다.

말을 타고 가는 동안 그 동안의 파란 만장한 역사의 소용돌이를 생각합니다. 그러면서 자신을 불구자로 만들고 자신의 가문을 무너뜨린 다윗을 향한 분(憤)과 저주가 솟구쳤습니다. 다윗이라는 놈... 한 번도 본 적이 없었지만 죽이고 싶었습니다. 그러나 힘없어 원수 갚지 못하는 자신의 모습이 처량하기만 할 뿐입니다. 게다가 다윗 그 놈 때문에 자신의 다리가 부러졌다고 생각하니 그 놈 죽이고 자신도 죽어야겠다는 다짐을 했답니다.

『다윗 왕이 사람을 보내어 로드발 암미엘의 아들 마길의 집에서 저를 데려오니』(:5)

예루살렘 궁궐에 가까이 갈수록 므비보셋의 마음은 점점 큰 두려움으로 휩싸였습니다. 다윗이 저주스러웠지만 다윗을 본다는 것이 두려움이었습니다. 어떤 일이 다가오는지를 알고 있었거든요. 마길의 집에서 나올 때만해도 아무리 원수 다윗 앞에 선다 해도 할 말은 하고 담담하게 이겨낼 수 있을 거라고 생각했었습니다. 그런데 막상 궁궐에 들어서고 보니 엄습해 오는 죽음의 그림자에 숨이 막히는 것 같았습니다. 군사가 말에서 내리는 므비보셋을 부축해 주었습니다. 목발을 주면서 불편하지 않도록 대해 줍니다. 냄새나고 때 묻은 옷과 단장하지 못한 머리와 얼굴 그리고 손때로 맨질 맨질하게 된 목발... 므비보셋이 긴 한숨을 쉬면서 왕실로 걸어 들어갔습니다. 궁정의 조용함을 깨는 것은 므비보셋의 목발 짚는 투박한 소리뿐이었습니다.

다윗의 보좌가 보였습니다. 이성을 잃고... 다윗의 보좌로 걸어가는 므비보셋의 모습이 가련해 보일 뿐입니다. 임금의 권좌 앞에 다가간 므비보셋은 원망과 분함 그리고 저주가 섞인 마음이었지만 근엄한 다윗 왕 앞에서는 아무런 말도 표정도 없었습니다. 그러다가... 목발을 옆에 가지런히 놓았습니다. 그리고 뒤뚱거리더니 왕 앞에 절을 했습니다. 다윗은 누구냐고 이름이 무엇이냐고 묻지 않았습니다. 오히려 아주 따뜻하고 친절하게 '므비보셋'하고 이름을 부르는 것이었습니다! 므비보셋은 얼마나 숨이 막히는지... 므비보셋... 침묵으로 숙연하게 대답할 뿐이었습니다.

죽기 위해 와 있는 므비보셋입니다. 죽을 각오도 되어 있습니다. 그리고 그 선언만을 기다리고 있을 뿐입니다. 그런데 기다리던 죽음 선언이 아닌 따뜻한 소리가 있었습니다. 사랑의 소리였습니다.

"므비보셋, 그대가 요나단 왕자님의 아들인가? 내 그대를 오랫동안 보고 싶었다이. 자네의 모습이 요나단 왕자님과 많이도 닮았구먼. 두려워하지 말게나. 내 반드시 자네에게 은총을 베풀 것이네. 자네 아버님은 내게 은인이셨어. 내 자네에게 약속함세. 자네의 조부께서 가지고 계셨던 모든 밭을 자네에게 돌려 줄 것이니 그리 알게나. 또한 자네는 이제부터 나와 식탁을 같이하는 걸세. 알겠는가?"

『무서워 말라 내가 반드시 네 아비 요나단을 인하여 네게 은총을 베풀리라 내가 네 조부 사울의 밭을 다 네게 도로 주겠고 또 너는 항상 내 상에서 먹을지니라』(:7)

사형 선고를 받기 위해 왕 앞에 엎드려 있었습니다. 가치도 없고 세울만한 자존심도 없는 인생입니다. 버림받았고 미래가 없었습니다. 이미 내팽개쳐진 인생입니다. 죽음을 피해 다녔을 뿐 죽음이 결정된 인생이었습니다. 이제 더 이상 피할 수 없이 되어 사형 선고를 기다릴 뿐입니다. 그런데 죽음의 선언이 아닌 사랑의 선언이 들려온 것입니다. 따뜻하고 애정 어린 소리로 이름 부르는 소리가 부드럽게 들려왔습니다.

므비보셋이여,
당신은 처벌 받기 위해 온 것이 아닙니다.
당신은 사랑 받기 위해서 온 것입니다.
당신은 치유 받기 위해서 온 거랍니다.
당신은 풍성함의 주인공이 되기 위해서 말입니다.
당신은 약속의 열매로서 온 거랍니다.
므비보셋,
당신의 이름을 따뜻하게 부르는 다윗의 목소리를 들으십시오!
당신의 이름을 그토록 부르고 싶었던
왕의 설레는 목소리를 들어 보십시오.
그 소리는 사랑의 풍성함입니다.
당신의 아버지 요나단이 다윗을 사랑했던
그 사랑의 어루만짐이랍니다.

내 모습이 이렇습니다.
불구의 몸입니다.
상처로 피범벅이 된 모습입니다.
누더기 옷처럼 찢어진 인생입니다.
누군가가 나를 그렇게 만들기도 했지만
나 역시 스스로가 인생을 저주하며 원망 속에서

나를 파괴하면서 죽음의 시간까지 달려가고 있을 뿐입니다.
남들은 따뜻한 가정이라고 보고 있는지 모르지만
좋은 페인트로 도색(塗色)해 놓아 괜찮은 것처럼 보여질 뿐
금이 많이 나 있답니다.

내가 가진 돈... 다른 사람들은 부러워하고 있을지 모르지만
나에게는 행복도 아무 것도 아니랍니다.
그것 때문에 너무나 많은 것들이 파괴되어 있답니다.
형제간의 사이가, 친구간의 사이가, 그러면 안 되는 줄 알면서도
부모님과도 너무 큰 금이 가 있답니다.
좋은 직업을 가졌다고들 말합니다.
좋은 학교 나왔다고 말들 합니다.
그런대로 괜찮은 인생을 가졌다고 합니다.

하나님 앞에 서기가 두렵습니다.
그 분 앞에 선다면
모든 것을 다 알고 계시는
그 분의 사형 선고를 피할 길이 없기때문입니다.
모든 것을 알고 계시는 분을 만난다는 것이
얼마나 고통스러운 일인지요.
그런데 그 분 앞에 섰을 때
그 분은 아무 것도 말씀하지 않으셨습니다.
아무 말씀도 묻지도 않으셨습니다.
주님의 음성은 따뜻했습니다.

그리고 은총을 베풀어 주셨답니다.

다윗의 마음에는 하고 싶은 것이 있습니다.
사랑입니다.
누군가에게 은혜(사랑)를 베풀고 싶어 하는
터질 것 같은 마음입니다.

우리의 마음엔 지금 무엇으로 터질 것 같은지요?
다윗과 같은 사랑을 베풀고 싶은 마음이길 바랍니다.
곤궁에 처해 있는 사람에게
불안에 떨고 있는 사람에게
남에게 말할 수 없는 아픔과 원망을 가지고 있는 사람에게
그리고 스스로가 수치와 치욕 속에서 눈물을 먹고 사는 사람에게
그런 사람을 찾아서 다윗처럼 은혜를 베풀고 싶습니다.
아니 누구에게나 사랑을 주고 싶습니다.

예수님,
이 마음으로 부풀어 계신 분이셨습니다.
찢겨지고 눌려있고 배고파하고 병들어 있는 사람들에게
사랑을 주고 싶었습니다.
그래서 감싸 주셨고, 치료해 주셨고, 먹여 주셨답니다.
그런데 그렇게 해 주시는 것으로 당신의 마음에
만족이 없으셨는지

자신을 십자가에 올려놓으셨습니다.

그리고 사랑을 주고 싶기에

그 가슴과 영혼 속에 있는 사랑의 밑바닥을 긁어내시면서

사랑을 터트리셨습니다.

후회 없으셨습니다.

사랑을 모두 주면서 그는 행복했습니다.

그래서 하시는 말씀이

"다 이루었다" 하셨습니다.

주님이 우리를 찾으실 때

우리가 불구자의 인생임에도 불구하고 아무 것도 묻지 않으십니다.

주님은 우리에게 은혜를 베풀고 싶으신 것입니다.

주님은 우리를 보고 싶어 하십니다.

우리가 불구의 몸이라고 누군가가 조롱할지 모릅니다.

그러나 나를 찾으시는 주님은

"어디 있느냐? 내가 만나야겠다"고 하실 뿐입니다.

불구의 몸인 나를 찾으시는 주님이

너무 고마울 뿐입니다.

불구의 몸으로 부끄럽게, 원망하며, 미래를 포기하면서

살지 말자구요!

부르시는 분이 계시잖아요.

목발 짚고 가자고요.

당신과 내가 목발이라도 짚고,

절뚝거리며,

부러진 다리를 질질 끌면서
걸어오기를 기다리고 계신 주님께로 말입니다.
은혜 베풀기를 기다리시는
이 주님을 사랑합니다.

사랑은 감동을 솟아나게 합니다. 다윗에게서 기대하지 못했던 사랑의 음성을 들은 므비보셋의 머릿속에서 그동안 들었던 다윗에 대한 이미지가 한순간에 지워집니다. 그는 충격을 받은 것입니다. 진실한 사랑, 사람을 녹이는 힘이 있는가 봅니다. 받은 감동으로 인해 므비보셋은 이렇게 말했습니다.

『이 종이 무엇이관대 왕께서 죽은 개 같은 나를 돌아보시나이까』(:8)

소문과는 다른 사람이어야 합니다.
혹 소문이 좋지 않게 나 있을 수도 있습니다.
뜻하지도 않게 나쁘게 말입니다.
소문 때문에 속상해 하지 마세요. 소문은 소문이랍니다.
소문들은 사람이 날 만났을 때
들은 나쁜 소문이 헛소문이었구나라고 할 만큼 달라야 합니다.
만나보면 좋은 사람 만나보면 진실한 사람
너무 좋은 사람이기에 누군가가 심통 부려 나쁜 소문 낸 것이라고
생각할 수 있을 만큼 착하고 당당하게 사세요.
므비보셋이 다윗을 만났을 때
들은 소문 거짓이었다고 느낀 것처럼 말입니다.

⑮ 삼하 9:9–13

사랑은 흔적이 있습니다

다윗 앞에 얼굴을 들지 못하는 므비보셋을 앞에 두고 다윗의 또 다른 소리가 들려 왔습니다. 그 소리는 모두를 놀라게 했습니다. 무엇보다 므비보셋의 거처를 알려준 시바라는 사람을 놀라게 했답니다. 시바는 므비보셋의 거처를 알려 주면서 전(前) 왕가(王家)의 뿌리를 뽑기 위한 다윗의 정책인 줄 알고 므비보셋의 거처를 알려 주었는데 오히려 자신의 계산과는 완전히 달리 므비보셋에게 은혜를 베푸는 것을 보게 된 겁니다. 상황이 기대하지 않은 분위기로 인해 어색해 하는 시바를 불렀습니다. 다윗 왕은 시바가 사울 왕실에서 일하던 사람임을 알고 있었습니다. 시바는 므비보셋을 아는 사람이라는 것이지요. 물론 어렸을 때 보았겠지만... (므비보셋은 시바를 기억할 수 없었을 것입니다.) 하여간 다윗은 지난 날 사울 왕의 종이었던 시바를 불러서 사울 왕의 직계이며 요나단의 아들인 므비보셋을 봉양하라고 명령했답니다.

『왕이 사울의 사환 시바를 불러서 이르되... 네 아들들과 네 종들은... 네 주인의 아들(므비보셋)을 공궤하라』(:9-:11)

시바의 기분... 어떠했을까요?
다윗을 섬기라면 무척이나 행복했을 것입니다.
그런데 무너진 집안의 절뚝발이를 섬기라고 하는 것이니
시바의 마음은 종잡기가 어려웠을 만큼 화가 났을 것입니다.

우리의 사역 가운데도 기대하지 않았던 일이 주어짐으로 인해
종잡기 어려워 화가 날 때가 있답니다.
일이 잘못된 것이기 때문이 아닙니다.
단지 내가 하고 싶지 않은 일이기 때문입니다.
아니 내가 볼 때 나의 자존심이 허락지 않는 일입니다.
그러나 주인의 눈에는 어느 것도 하찮은 일이 없답니다.
시바... 다윗 왕을 측근에서 모시고 싶었겠죠.
그것이 멋있어 보이고 가치 있는 일이라고 생각했겠죠.
그러나 왕의 입장에서는
므비보셋을 봉양하는 일은 시바가 가장 적격자이기에
맡긴 것이랍니다.
왕은 시바가 므비보셋을 잘 봉양할 때 가장 귀하게

보이는 거랍니다.
「어떤 일을 맡았느냐?」 하는 것이 중요한 것이 아닙니다.
「어떻게 일을 하느냐?」 하는 것이 중요합니다.
일을 맡기신 분을 기쁘게 하는 것을 중요하게 생각해야 한답니다.

왕은 므비보셋에게 지난 날 사울 왕의 재산을 모두 주었습니다. 말로만의 사랑이 아니라 행함과 진실함의 사랑입니다.

『자녀들아 우리가 말과 혀로만 사랑하지 말고 오직 행함과 진실함으로 하자』(요일 3:18)

다윗은 힘이 있던 사람입니다. 그런데 그 힘을 관리자로서의 힘으로 사용하지 않았습니다. 그는 사랑을 베풀기 위한 도구로 힘을 사용하고 있을 뿐입니다.

힘이 있어야 합니다.
건강의 힘, 지식의 힘, 물질의 힘, 권력의 힘…
힘이 있어야 합니다.
그런데 그 힘으로 사람을 관리하거나 감독하면 안 됩니다.
그 힘으로 사람의 마음에 상처 주면 안 됩니다.
우리 그리스도인은 그 힘으로 사람을 사랑해야 합니다.
다윗은 권력이라는 힘으로 불쌍한 므비보셋을 살려 주었습니다.
그 힘으로 불구자가 왕실에 들어오지 못하는 법을 깨고
왕실에서 살게 할 수 있었습니다.

물질의 힘으로 가난한 므비보셋에게 땅을 주었습니다.
힘을 사랑을 위한 도구로 사용하는 다윗의 마음
무척이나 아름답습니다.

하나님!
내가 가지고 있는 힘을 가지고
누군가를 행복하게 해주고
품어 주고 용서해 주고 풍성하게 해주는 삶을 살도록
인도해 주십시오!
다윗처럼 말입니다.

왕실의 식탁입니다. 언제나 예절과 질서가 잡혀 있는 왕가(王家)의 식탁이었습니다. 식탁에 둘러앉는 사람은 적은 숫자가 아닙니다. 많은 왕비들과 그녀들에게서 난 아들 딸만해도 대단히 큰 식탁이었습니다. 모두가 왕실 교육을 받았기에 예의범절도 일품이었습니다. 조용한 걸음걸이부터 식탁에 앉을 때 허리를 똑바로 펴고 흐트러지지 않는 왕자들의 자세는 과연 최상류 식탁 문화의 모습이었습니다. 이 날도 왕께서 식탁에 들어오시기 전에 왕비들과 함께 왕자들이 들어오기 시작했습니다. 만형 암논이 들어 왔습니다. 장차 대통(大統)을 이을 장남이었습니다. 늠름한 모습은 과연 왕세자 다웠습니다. 둘째 길르압이 들어오면서 자신의 자리에 앉았습니다. 언제나 그랬듯이 몸이 아파 건강하지 않다는 것을 알 수가 있었습니다. 셋째가 나타났습니다. 압살롬입니다. 훤칠한

용모에 깨끗한 자태, 그리고 약간 곱슬인 것 같으면서 길게 늘어진 붉은 머리털은 누구도 따라올 수 없는 아름답고 근엄한 풍채였습니다. 한 폭의 그림 같은 자태였습니다. 아도니야가 들어와 자리에 앉습니다. 넷째 왕자입니다. 형제들 중에 가장 착하다고 칭찬을 듣는 왕자였습니다. 한 번도 아버지 다윗의 마음을 불편하게 하지 않은 성실하고 착한 왕자였습니다. 다섯째 아홉째 열두 번째... 모두가 들어와서 왕과 함께 식탁을 나누기 위해 앉았습니다. 모두들 예의 바른 인사를 나누고 조용히 아버지 다윗 임금을 기다리고 있었습니다.

이날 아침, 알지 못하는 청년이 들어오고 있었습니다. 옷은 왕자처럼 입었습니다. 모두들 누굴까 하는 궁금증을 가지고 바라보고 있습니다. 그런데 목발을 양 겨드랑이에 끼고 손으로는 목발 손잡이를 잡고 그걸 다리삼아 걸어오는 것입니다. 조용한 왕실 식당에 나무 목발이 바닥에 닿는 소리가 울렸습니다. 삐쩍 마른 므비보셋이었습니다. 수줍은 듯이 들어오는 므비보셋의 눈동자는 모여 있는 왕자들과 눈 마주치는 것이 어색하고 쑥스러웠는지 겸연쩍게 두리번거릴 뿐이었습니다.

다윗 왕이 나타났습니다. 모두가 식탁에서 일어나 예절 격식을 차리고 앉았습니다. 다윗은 목발 짚고 서 있는 므비보셋을 왕자들에게 소개했습니다.

"왕자들이여! 짐을 사랑하고 짐의 생명을 아끼고 짐을 이 왕의 자리에 앉도록 해준 요나단 왕자님의 아들이다. 그분이 블레셋과의 전쟁에서 장렬하게 전사하였기에 오늘 이스라엘이 있는 것이고 짐이 있는 것이다. 짐은 이제 그분의 사랑과 은공(恩功)을 어찌 갚을까 하던 중에 그분의 친아들인 여기 므비보셋을 찾았노라. 오늘부터 이 므비보셋은 그대들처럼 짐의 아들과 같이 그리고 그대들의 형제로서 지낼 것이고 식탁을 함께 나눌 것이니 우애(友愛)로서 지내기를 바란다."

식탁에 앉은 므비보셋... 음식을 먹을 수가 없었습니다. 자신의 과거도, 자신의 출신도, 자신의 추함도, 연약함도, 어떤 것도 묻지 않고... 품어준 은혜 때문이었습니다. 흐르는 눈물... 받은 은혜로 목이 메어 아무 것도 먹을 수가 없었습니다. 왕자 중 하나처럼 왕의 상에서 먹게 하는 다윗의 은혜 때문입니다.

『므비보셋은 왕자 중 하나처럼 왕의 상에서 먹으니라』(:11)

도무지 참을 수가 없었습니다. 므비보셋은 옆에 놓인 목발을 서둘러 짚더니 다시 양 겨드랑이에 끼고 절뚝거리면서 식탁을 빠져나갔습니다. 그리고 구석진 곳으로 가 얼굴을 벽에 대고 한없이 울었습니다. '받은 은혜...' 말로 할 수 없는 '받은 은혜' 때문이었습니다.

『므비보셋이 항상 왕의 상에서 먹으므로 예루살렘에 거하니라 그는 두 발이 다 절뚝이더라』(:13)

기대하지 않은 은혜를 받고 살고 있습니다.
이런 은혜 받을 자격이 없습니다.
아니 은혜를 받았습니다만

은혜를 갚을 수도 없답니다.
므비보셋의 그 자리,
우리가 앉아 있는 이 자리입니다.
은혜의 자리 말입니다.
「하나님! 내가 가지고 있는 것은
불구(不具)임을 알리는 목발뿐입니다!」

은혜 속에 사는 므비보셋의 마음을 한번 더듬어 보고 싶습니다.
다윗의 한량없는 은혜를 받고 사는 므비보셋은
진정 어려서부터 들은 다윗에 관한 부정적인 생각들이
은혜를 받고 있다고 해서
긍정적인 생각으로 바뀌었을까요?
아니면 언젠가는 죽임을 당할 것이라는 불안함 속에
눈치를 보면서 살고 있을까요?
단지 훌륭한 왕으로서의 이미지를 위한
「홍보용」 은혜 베풂의 소모품이라고 생각하고 있지는 않을까요?
성경은 대답하지 않습니다.
그 이유는 므비보셋이 다윗의 친절을 어떻게 생각하느냐
하는 것보다도
사랑을 베풀고 있는 다윗의 행위가 더욱 중요하기 때문입니다.
다윗의 사랑을 므비보셋이 받아들이지 않고
역겨워한다 하더라도
사랑은 그런 것을 두려워하지 않습니다.
사랑은 배신을 두려워하지 않는답니다!

16 삼하 10:1-5

걷어차인 자비

다윗이 왕이 된 후에 주변 국가들을 공격하여 기선을 제압했습니다. 서쪽으로는 블레셋을 제압했고 동쪽으로는 모압을 제압했습니다. 북쪽으로는 소바와 아람을, 남쪽으로는 에돔과 아말렉을 제압했습니다. 사무엘하 8장에 기록된 다윗의 정복 이야기가 그렇게 말하고 있습니다. 반면에 이유는 정확하게 알 수 없지만 동쪽에 자리 잡은 암몬 족속은 제압하지 않은 것으로 되어 있습니다. 아마도 지난날에 사울과 관계가 좋지 않았던 암몬은 (사무엘상 11장에 보면 암몬 사람 나아스가 길르앗 야베스 사람을 공격했을 때 사울이 암몬 사람을 공격해서 승리한 사건이 나오는데 이때부터 사울과 암몬은 사이가 좋지 않은 것으로 봅니다.) 그 당시 다윗을 도왔고 다윗과 우호적인 관계에 있었기 때문이 아닌가 생각됩니다.

어쨌든 오래 전부터 암몬과 다윗은 관계가 좋았었습니다. 그런데 다윗과 관계가 좋았던 암몬의 왕 나아스가 죽었습니다. 다윗은 의리가 있는 사람이라 암몬 왕의 죽음 소식을 듣고는 국상(國喪)을 당한 암몬에 조문 사절단(弔問使節團)을 보내기로 한 것입니다.

『다윗이 가로되 내가 나하스의 아들 하눈에게 은총을 베풀되 그 아비가 내게

『은총』(hesed, 헤세드)

성경을 자세히 보면 9장의 사건과 10장의 사건이 같은 동기에서 출발하고 있습니다. 자비의 마음과 베풂입니다. 9장의 므비보셋을 찾는 동기도 『은총』(:1) 때문이고 10장의 암몬 왕실에 조문객을 보내는 것도 『은총』(:2) 때문입니다. 이 『은총』이란 말의 히브리 원어(히브리어)는 hesed(헤세드)입니다. 다윗은 개인에게도 은총을 베푸는 것을 즐거워하고 있는 것이고, 한 국가나 족속에게도 같은 은총 베풀기를 좋아하고 있는 것입니다. 므비보셋은 이 은총을 받아들였습니다. 그 결과 왕의 식탁에서 평생을 먹는 풍성한 삶을 살았답니다.

그런데 같은 은혜(hesed) 베풂인데 암몬 왕은 거부했습니다. 은혜를 거부한 것입니다. 오해로 인한 거부입니다. 이기주의로 인해 행해진 거부랍니다. 10장의 본문은 하나님의 은혜를 거부한 사람들이 겪는 슬픈 이야기를 말하고 있답니다.

은총을 베푼 것같이 하리라 하고 그 신복들을 명하여 그 아비 죽은 것을 조상하라 하니라』(:2)

다윗의 신하들이 친절한 모습으로 『은총』을 가지고 상주(喪主)되는 하눈에게 이르렀을 때입니다. 암몬 왕 하눈의 신하들은 이스라엘의 조문객들에 대한 시각이 삐뚤어져 있었습니다. 은총을 순수하게 받아들이지 않았습니다.

"전하, 이스라엘에서 조문사절단이 왔사옵니다. 그러나 조심하소서. 저들이 표면적으로는 조문을 온 사절단이라 하고 있사오나 실상은 우리 성을 엿보고 정탐하여 훗날 공격하기 위함일 가능성이 높사옵니다."

"그래, 그 말이 그럴 듯 하구먼. 아니 분명 그럴 거야. 다윗이 내 아버님과는 가깝게 지냈지만 내가 왕이 되었으니 날 치려 할 것이 분명해! 지금도 저들은 계속 전쟁을 일으키면서 정복 사업을 하고 있지 않은감. 그러니 자네들 말처럼 조문을 핑계로 우리 성을 엿보고 있을 것일세. 다윗이 우릴 그렇게도 우습게 보았다는 뜻이겠지. 그러니 우리도 뭔가를 보여줘야 하지 않겠는가! 저 사절단 놈들의 수염을 깎아 돌려보내도록 하게나. 아니 옷들도 반을 잘라 엉덩이가 보이도록 해서 보내면 어떻겠어? 그래야 이 하눈을 우습게보지 않을게 아니야!"

『암몬 자손의 방백들이 그 주 하눈에게 고하되 왕은 다윗이 조객을 보낸 것이 왕의 부친을 공경함인 줄로 여기시나이까? 다윗이 그 신복을 보내어 이 성을 엿보고 탐지하여 함락시키고자 함이 아니니이까?』(:3)

함께 일하는 사람이 바른 사람이어야 합니다.
암몬 왕 하눈의 신하들은 의심의 사람,
진심을 알면서도 받을 줄 모르는 사람이었습니다.
이기주의였습니다.
이런 사람이 옆에 있으면 영향을 받게 되어 있답니다.
이런 사람 때문에 눈앞까지 다가온 축복을 잃어버릴 때가 많답니다.
하눈은 신하를 잘못 두었기에 큰 실수를 했습니다.

『이에 하눈이 다윗의 신복들을 잡아 그 수염 절반을 깎고
그 의복의 중동 볼기까지 자르고 돌려보내매』(:4)

하눈도 답답한 사람입니다.
신하들의 말을 듣고 진위(眞僞) 여부는 생각해 보지도 않고
사랑의 사절단에게 망신을 주고 있는 것입니다.
우리도 그런 실수를 하는 경우가 많습니다.
주변의 말을 듣고 생각도 없이 판단하고 행동하는 경우가
얼마나 많은지요.
나쁜 사람들의 말을 듣고
우리 또한 좋은 사람을 미워하고 싫어하고
고통스럽게 만들고 있지는 않은지요?
만일 그런 경우가 있다면
지금이라도 늦지 않습니다.
좋은 사람들에게 주는 고통... 반성하고 그쳐야 합니다.
부정적이고 이기주의적인 사람들과 관계를 끊는 것입니다.

내 맘에 드는 사람이나 똑똑한 사람(?)이 중요한 것이 아니고
진실한 사람, 정확한 사람, 신중한 사람이 있어야 합니다.
물론 저와 당신이 그런 사람이 되어야겠지요!

사절단들은 옷 벗김 당하고 엉덩이까지 옷이 잘렸고 수염이 잘렸답니다. 그래도 한 나라의 사절단인데 말입니다. 물론 국가적인 무시를 당한 것입니다. 그건 그렇다 하더라도 사절단 개인에게도 감당하기 어려운 수치였습니다. 엉덩이를 보이면서 이스라엘 땅에 들어가면 가족이나 마을 사람들에게 얼마나 부끄러울까요.

『그 사람들이 크게 부끄러워하므로…』(:5중)

수염은 권위인데 그것이 잘린 모습을 사람들에게 보인다면 얼마나 창피하겠습니까? 다윗은 사절단의 견디기 어려운 수치심을 이해했습니다. 자존심이 파괴되지 않도록 배려했답니다. 오히려 사절단을 위해서 지체 높은 사람들을 보냈답니다. 저들의 엉덩이를 보고 잘린 수염을 보더라도 이해해 줄 수 있는 사람을 마중 보냈습니다. 그리고 인적이 드문 곳으로 보내어 수염이 자라 사람들에게 이상하게 보이지 않을 때까지 머물게 하였답니다. 왕이 사절단에게 특별 휴가를 준 것이지요.

"이보게들, 내 듣자니 암몬에 조문 사절단으로 갔던 사람들이 큰 망신을 당했다고 들었소. 한 나라의 사절단을 그리 대하는 법은 없구먼! 이번 일은 무척이나 황당한 일이요. 하여간 그건 그렇다손 치더라도 무엇보다 사절단으로 갔던 사람들이 안됐구먼. 저들이 얼마나 황당하겠소. 그러니 신료들이 친히 나가서 저들을 맞이하시오. 또한 저들의 수염까지 잘렸다는 소릴 들었는데 수염이 자랄 때까지 여리고 인적 없는 곳에 있게 하시구려. 이대로 돌아오면 가족에게나 사람들에게 얼마나 망신스럽겠소. 그러니 모든 것이 회복될 때까지 아무 염려 없도록 돌봐 주시구려. 내가 친히 위로를 전한다고 말해 주시오."

『왕이 저희를 맞으러 보내어 이르기를 너희는 수염이 자라기까지 여리고에서 머물다가 돌아오라 하니라』(:5하)

왕의 미덕(美德)입니다.
신하의 마음을 읽고 배려해 주는 것 말입니다.
그런데 그런 사람이 많지 않습니다.
많은 경우 사람보다도 일을 중요시합니다.
성공을 사람보다도 중요시하기 때문입니다.
사람을 차별하지 말자고요.

가장 힘든 것이 인격이 짓밟힐 때입니다.
가진 것에 따라 사람을 대하지 말구요
위치(Position)에 따라 사람을 대하지 말자구요.
사람은 모두가 자존심이 있습니다.

하나님 앞에서는 내세울 자존심이 없기에
스스로 고개를 숙입니다만
그렇다고 우리가 다른 사람의 자존심을 생각하지 않고
함부로 행동하는 것은
우리 자신의 미숙한 인격 문제입니다.
성경은 이렇게 말합니다.
『오직 겸손한 마음으로 각각 자기보다 남을 낫게 여기고』(빌 2:3하)
여기에서의 「남」은 특정인이 아니라
모든 사람을 의미합니다.

17 삼하 10:6-8

제 발 저린 죄인들

형사 콜롬보는 범인이 가지고 있는 심리를 이용하여 범인을 추적합니다. 죄인이 가지고 있는 심리(心理)가 있는데 그것은 항상 불안하다는 거지요. 자꾸만 죄에 대한 대가가 있을 것이라는 생각 때문입니다. 암몬 사람들도 불안했습니다. 왜냐하면 다윗의 조문사절단(弔問使 節團)을 망신주어 보냈기 때문입니다. 그래서 받을 대가가 걱정이 되어 전쟁 준비를 하고 있었답니다.

> 만일 암몬이 문제를 해결하고 싶다면
> 다윗 왕에게 사죄(赦罪)를 위한 사절단을 보내면 됩니다.

그런데 그렇게 하지 않았습니다. 용서를 구하지 않습니다.

왜냐하면 『용서해 주지 않을 것』이라는 두려움 때문이었겠죠.

우리도 마찬가지입니다.

죄를 지은 다음 불안한 마음이 들면

벌을 두려워하여 극복해 보려고 방어망을 구축해 놓지 마십시오.

죄를 시인하면 됩니다.

잘못을 인정하고 용서를 구하면 됩니다.

그러면 문제가 그것으로 끝이 난답니다.

상대방에게, 하나님께 잘못한 것이 있으십니까?

변명하려고 준비하지 맙시다.

쉽게 해결하자구요.

"미안합니다. 잘못했습니다. 용서해 주십시오."라는 것으로 말입니다.

죄를 지은 암몬 왕과 그의 사람들의 마음이 무척이나 불안 했었는가 봅니다. 엄청난 양의 돈을 들여 군사를 사오고 있습니다. 은 1,000달란트(대상 19:6)로 이웃 나라에서 군사를 고용합니다. 벧르홉 아람 사람과 소바 아람 사람에게서 보병 20,000명, 마아가 왕과 군인 1,000명, 돕 사람 12,000명 등 도합 33,000명을 고용한 겁니다.

『암몬 자손이 자기가 다윗에게 미움이 된 줄 알고 사람을 보내어 벧르홉 아람 사람과 소바 아람 사람의 보병 이만과 마아가 왕과 그 사람 일천과 돕 사람 일만 이천을 고용한지라』(:6)

잘못한 사람은 언제나 쓸데없는 걱정으로 나날을 지냅니다.

쓸데없는 낭비를 합니다.

다윗은 전쟁할 계획이 없었던 것 같습니다.

그럼에도 불구하고

죄를 지은 암몬은 불안한 것이지요.

다윗 왕이 방어망 구축했습니다. 요압 장군을 앞세워 군사를 내보냈답니다. 괘씸한 놈들이라는 생각이 들었답니다. 요압 장군에게 완전히 초토화시키고 돌아오라고 명령했습니다. 요압 장군과 군사들은 사기충천해서 암몬 땅 성으로 갔지요. 다윗 왕은 갈 필요 없었는지 성에 남아 있었답니다.

『다윗이 듣고 요압과 용사의 온 무리를 보내매』(:7)

다윗의 군사들이 온다는 소리를 들은 암몬 자손들은 짐작한 대로 올 것이 오는구나 하는 마음으로 성(城)문 가까이 군사력을 배치 시켰습니다. 나머지 돈 주고 고용한 지원군들은 들판에 배치되어 있었습니다.

『암몬 자손은 나와서 성문 어귀에 진을 쳤고 소바와 르홉 아람 사람과 돕과 마아가 사람들은 따로 들에 있더라』(:8)

⑱ 삼하 10:9-14

작전과 승리

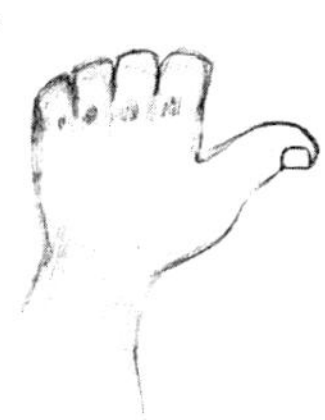

요압은 명장(名將)이었습니다. 암몬 군과 연합군의 전투력과 전투력 배치에 관한 정보를 정확히 읽고 있었습니다.

『요압이 앞뒤에 친 적진을 보고』(:9상)

적의 상황을 읽고 나서 이스라엘군을 배치했습니다. 요압 자신의 군대는 들판에 숨어 있는 연합군을 대항하여 싸울 태세를 갖추었습니다. 반면에 동생 아비새에게는 군사를 이끌고 성문 가까이 있는 암몬 자손을 대항하여 싸우도록 준비를 시켰답니다.

『요압이... 아람 사람을 대하여 진치고 그 남은 무리는 그 아우 아비새의 수하

에 붙여 암몬 자손을 대하여 진 치게 하고』(:9하-:10)

전력 배치는 그렇게 하고 전투 상황에 따른 작전을 세웠답니다.

"얘들아, 서로 보다가 밀리는 것 같다 하면 즉시 군사를 움직여서 돕는 것으로 한다. 알겠지?"

『만일 아람 사람이 나보다 강하면 네가 나를 돕고 만일 암몬 자손이 너보다 강하면 내가 가서 너를 도우리라』(:11)

전투에 임한 군사들에게 하는 말이 있었습니다. 그것은 왜 전쟁을 해야 하는지에 대한 명분을 주는 거였죠.

"우리가 싸우는 건 우리 민족을 위함이니라! 아내와 아이들을 위해서 그리고 우리의 미래를 위해서 싸우는 것이고 우리를 세우신 하나님을 위하여 싸우는 것이니라! 그러므로 하나님께서 함께 하실 것이니 담대하라!"

『너는 담대하라! 우리가 우리 백성과 우리 하나님의 성읍들을 위하여 담대히 하자』(:12상)

많은 경우 사람들이 왜 싸워야 하는지를 모르고 전쟁에 임할 때가 있습니다. 그러나 요압은 목숨을 내놓아도 아깝지 않도록 사람들에게 명분을 주면서 설득한 거랍니다.

성도의 싸움

원수에 대한 정확한 정보를 가지고 있어야 합니다.
우리의 싸움에 대한 정확한 작전을 가지고 있어야 합니다.
아군끼리의 상호 협력 관계를 분명하게 해야 합니다.
그리고 함께 싸우는 동역자들에게
왜 목숨을 내놓고 싸워야 하는지에 대한
명분을 분명하게 설명해 주어야 합니다.

그러나 이런 완벽함으로 전쟁의 승리를 얻는 것이 아닙니다.
보이지 않는 것이 있습니다.
이것이 가장 중요합니다.
소위 말하는 「+」입니다.
하나님의 개입하심이지요.
요압은 이것을 알았습니다.
그리고 완벽한 준비 위에 하나님이 일하시게 했습니다.

『여호와께서 선히 여기시는 대로 행하시기를 원하노라』(:12하)

전쟁에 대한 인간이 할 수 있는 준비를 완벽하게 했습니다. 그리고 모든 것을 하나님의 섭리에 맡기는 믿음을 가졌습니다. 실패한다면 오히려 그것이 기적입니다. 요압이 상대한 들판의 아람 연합군은 요압군이 나타나자 도망갔습니다. 아비새가 상대한 성문 가까이의 암몬 군사들도 아람 군사들의 도망함을 보고 싸움을 포기하고 성으로 도망하여 들어갔습니다. 싱거운 싸움이었습니다.

『요압과 그 종자가 아람 사람을 향하여 싸우려고 나아가니 저희가 그 앞에서 도망하고 암몬 자손은 아람 사람의 도망함을 보고 저희도 아비새 앞에서 도망하여 성으로 들어간지라』(:13–:14상)

⓳ 삼하 10:15-19
굴복된 북쪽 족속들

암몬과의 문제로 인해 생긴 전쟁이었습니다. 아람 연합군이 개입한 막강한 군사력을 가지고 싸운 싸움입니다만 작은 나라 이스라엘에게 패한 것입니다. 암몬은 완전히 풀이 꺾였습니다. 더 이상 이스라엘을 공격할 엄두를 내지 못했습니다.

그런데 북쪽 아람 연합군은 그렇지 않았습니다. 암몬이 진 것이 아니라 북 연합동맹군이 패하고 만 것입니다. 이 북쪽 연합 동맹군의 우두머리 격인 사람이 「하닷에셀」이었는데 전쟁의 패배는 수치였고 이 하닷에셀의 자존심이 구겨진 겁니다. 지난번(8:3-8)에도 다윗에게 연합군이 패했었습니다. 그런데 이번에도 또 패한 겁니다. 분이 난 하닷에셀은 다시 연합군을 구성했습니다. 하닷에셀은 자신이 아끼는 군대장관 「소박」이라는 사람을 최고 지휘관으로 임명하고 다윗을 무너뜨리기 위해 전쟁을 일으키는 것입니다. 모든 군사를 데리고 헬람이라는 곳으로 이동했습니다. 대단한 군사력이었습니다.

이 소식을 들은 다윗이 분개했습니다. 이번에는 요압 장군을 앞세워 보낸 것이 아니라 자신이 직접 전장에 나갔습니다. 전쟁은 치열했습니다만 승리는 다윗에게로 기울어지고 있었습니다.

『아람 사람이 이스라엘 앞에서 도망한지라 다윗이 아람 병거 칠백 승의 사람과 마병 사만을 죽이고 또 그 군대 장관 소박을 치매 거기서 죽으니라』(:18)

막강한 북부 동맹군이 또 한 번 다윗에게 비참하게 패하고 말았습니다. 그리고 북쪽 족속들은 다윗 나라에 조공을 바치는 신세가 되었고 다시는 이스라엘을 위협 할 수 없게 되었답니다.

주변 사람들은 암몬을 싫어하기 시작했습니다. 암몬을 돕다가 자기들의 나라까지 어려움을 당하는 신세가 되었거든요. 만일 계속해서 암몬과의 관계를 갖게 된다면 다윗과 이스라엘에게 미움을 받게 될 것이 두려웠습니다. 그래서 암몬을 멀리하기 시작했고 암몬은 왕따가 되어 가고 있습니다.

『이러므로 아람 사람들이 두려워하여 다시는 암몬 자손을 돕지 아니하니라』(:19하)

은총(hesed)을 거부함으로 생긴 문제랍니다.
므비보셋은 은총 받아들여 큰 축복 누렸는데
암몬 족속은 잘나빠진 자존심 내세우고
교만하게 거들먹거리다가
외톨이가 되고 말았답니다.

하나님께서 주시는 은총이 있답니다.
거부하지 마세요. 감사하고 겸손히 받아들이면 됩니다.
은총 거부하면... 어쩔 수 없어요.
언제나 내리는 은총들 지금 받아들이시구요,
그 은총 언제나 있는 거 아님을 명심해야 한답니다.
지금, 은혜 받을 때라는 성경의 권고
잊지 마십시오!

에필로그 _01

교회가 좋았습니다. 어려서부터 교회에서 자랐고 교회에서의 생활에 익숙했습니다. 게다가 할아버지도 부모님도 내가 목사가 되기를 원하신다는 말씀을 많이 하셨고, 나 역시 거부하지 않았습니다. 그렇게 목사가 된 사람입니다.

신학대학 생활... 만족스럽진 않았습니다만 그래도 목사가 되려면 거쳐야 하는 과정이기에 꾹 참고 견뎌냈습니다. 대학원도 다녀야 한다기에 그렇게도 했습니다. 한번은 목사가 하기 싫은 적도 있었습니다. 아니 어려서부터 목사가 안 된다면... 하면서 나름대로 하고 싶은 일을 생각해보기도 했었죠. 꼭 두 가지를 하고 싶었는데 그 중 하나는 정치였습니다. 정치가 뭔지 알아서 그랬던 것 같지는 않습니다. 어린 시절 선생님으로부터 들었던 훌륭한 인물들 중에는 항상 정치가들이 많았기 때문이었겠죠. 하여간 정치를 하고 싶다는 마음은 오래갔고 또 정치가로서 활동하는 제 모습을 그려보기도 했답니다. 하고 싶었던 또다른 일은 자동차를 정비하는 일이랍니다. 이상하지요? 정치와 자동차 정비는 어울리지 않는데 말입니다. 하여간 자동차 밑에 들어가 온몸에 기름때를 묻히며 일하는 모습이 멋있어 보였고 정밀하게 일하는 아저씨가 멋있어 보였답니다. 그런 나의 모습을 그려보기도 했답니다. 그런데 정치가 근처에 가보지도 못했고 자동차 정비사 옆에도 가보지 못했답니다. 그런 것과는 전혀 상관없는 목사가 되었답니다.

신학대학을 졸업했지만 전도사로 사역하지 못했습니다. 제법 오래되고 큰 교회에 출석하였는데 워낙 재주가 없으니 담임 목사님으로부터 전도사로 추천 받지 못했던 것 같습니다. 친구들은 학교 다닐 때부터 전도사로 열심히 일하면서 교회에서 사례금도 받았지만, 제게는 졸업한 후에도 그런 기회가 주어지지 않았답니다. 전도사로 사역하지 못하는 게 억울하진 않았습니다. 단지 걱정거리였을 뿐입니다. 여기엔 이유가 있었습니다.

저는 군목 후보생이었는데 군목으로 가려면 3년 간의 전도사 경력이 필요했습니다. 그런데 그 경력을 쌓을 교회가 없어서 속이 많이 상했답니다. 결국은 어떤 작은 개척 교회에 평신도라고 하면서 목사님을 속이고(?) 다녔습니다. '몇 년 다니고 난 후에 나의 불쌍한(?) 처지를 말씀드리면 목사님도 이해해 주시지 않을까?' 하는 기대로 그런 짓을 했습니다. 그러나 결국 그 교회에서 오래 있질 못했습니다. 2년 있었나 봅니다. 그러고는 교인이 대여섯 가정 정도밖에 안 되는 더 작은 교회로 갔습니다. 그 교회에서는 목사님께 솔직히 말씀드렸습니다. 그랬더니 흔쾌히 도와주시겠다고 하더라구요. 무척 고마웠답니다. 군목으로 갈 수 있는 길이 열렸기 때문입니다. 그렇게 비참한(?) 시간들을 보냈답니다. 신학교 졸업 후 3년을.

군목으로 가는 일은 조금 찜찜했습니다. 첫째는 자신감이 없었고, 둘째는 아직도 사명감이 없었기 때문이었습니다. 친구들은 사명, 사명하면서 의지가 대단한데 난 그렇지가 않았습니다. 솔직히 군목으로 가면 사병으로 가는 것보다 훨씬 편하기 때문에 좋아하고 있었을 뿐입니다. 그러나 편한 건 편한 건데 뭘 해야 하는지 자신이 없었습니다. 그래서 일 년 먼저 군목으로 간 친구를 찾아갔답니다. 그리고는 물었습니다. 어떻게 주일 설교, 수요예배 설교, 심방 설교, 새벽 기도 설교를 다 하느냐고? 그 친구 대답은 걸작이었습니다. 성령님이 능력을 주시면 다 하게 된다고... 난 목사 안수 받으면 정말 그렇게 되는 줄 믿었답니다. 바보같이...

훈련을 받고 군목으로 갔습니다. 중부 전선이었습니다. 중위 계급장 달고 목사랍시고 일을 시작한 겁니다. 괜찮더라구요. 일단은 매달 월급 받는 게 아주 좋았습니다. 그때까지 내 힘으로 돈을 벌어 본 적이 없었습니다. 게다가 군대 교회인데도 군대 월급 말고도 목회 사례비라고 해서 돈을 주었습니다. 참 좋았습니다. 어떤 교회는 군 선교비라고 해서 돈을 보내기도 했습니다. 사실 군대 월급만으로도 괜찮았는데 이래저래 목사랍시고 돈을 주니 고맙기도 하고 미안하기도 하고... 물론 좋은 일에도 많이 썼지요.

교회도 아담해서 좋았구요, 내 개인 사무실이 있다는 것도 좋았답니다. 어느 큰 교회 목사님이 부럽지 않았습니다. 나보다 계급이 높은 사람들도 저를 성직자라 해서 잘 대해 주는 것 또한 특권이었답니다. 그런 것 때문에 '평생을 군목으로 지낼까?' 하는 생각도 여러 번 해보았답니다. 사명 때문이 아니라 편리함 때문에...

설교는 정말 부담스러웠습니다. 설교만 없으면 군목이라는 것 괜찮은 건데... 친구가 목사 안수 받고 군목으로 오면 성령님께서 능력을 주셔서 설교도 뭐도 다 잘하게 된다고 했는데 (정말 그렇게 믿었었답니다) 난 그게 아니었습니다. 두 번째 설교까지는 잘한 것 같았습니다. 그런데 세 번째부터는 할 말이 없었답니다. 그렇게 두꺼운 성경책인데도 제겐 본문 찾는 것도 어렵고 본문을 찾아도 내용을 만들기도 무척이나 어려웠습니다. 제목을 정하는 것조차도 노동이었습니다. 일주일 내내 '어떤 본문을? 어떤 내용을? 어떤 제목을?...' 이런 것들이 큰 고민거리였고 이는 점점 공포의 작업으로 느껴졌습니다. 친구가 말한 성령님이 도와주신다는 건 적어도 나에겐 새빨간 거짓말이었답니다.

그래도 어김없이 찾아오는 게 주일이었습니다. 미칠 것 같았답니다. 그래서 훌륭한 그리고 유명한 목사님들이 펴낸 설교집을 뒤지기 시작했습니다. 신학교 다닐 때 종종 친구들과 나누던 말이 있었습니다. '설교 표절' 이라는 말... 그리고 남의 설교를 표절하는 목사들은 나쁜 놈들이라고 했었답니다. 그런데 이젠 표절, 아니 그대로 베끼지 않으면 죽을 것 같았답니다. 그래서 설교를 베끼기 시작했습니다. 양심은 괴로웠지만 성도들에겐 오히려 잘 된 일이라 생각했답니다. 성도들도 제 (베낀 남의) 설교에 은혜를 받기도 했답니다. 나 역시 내가 작성한 설교인 것처럼 폼을 잡고 설교했구요.

그런데 매 주일 남의 설교를 베끼는 것도 보통 문제가 아니었습니다. 보통 30분가량의 설교 원고를 베끼려니깐 적어도 2~3시간은 족히 걸리는 것은 물론이고 얼마나 힘들고 귀찮았는지... 그래서 아주 쉬운 방법을 찾아냈습니다. 설교집의 한 편을 복사하는 방법이었습니다. 시간도 절약되고 에너지도 절약되서 그렇게 했답니다. 그래서 내 설교(?)는 내용이 그런대로 괜찮다는 소릴 들었답니다.

그런데 한번은 큰 실수를 했습니다. 복사를 잘했어야 하는데 종이를 아낀답시고 앞뒤로 복사하다가 그만 한 페이지를 빼먹고 복사를 한 거지요. 그나마 복사한 걸 한번만이라도 읽고 강단에 올라갔으면 되는데 읽지도 않고 올라간 게 탈이었습니다. 그러니 잘 읽어내려가다가 빠진 부분에 가서는 매우 당황했답니다. 소위 말하는 개망신이라고나 할까요. 설교, 무척이나 어렵더라구요. 이렇게 평생 동안 설교할 생각하니 끔찍했습니다.

그러던 가운데 전방 부대 2년의 근무를 마치고 군 병원으로 옮기게 되었습니다. 병원에서는 별로 할 일이 없었습니다. 일단 병원이 아주 작은 았고 환자들도 많지 않았습니다. 군의관들, 간호사들 또한 그리 바쁘지 않은 병원이었죠. 정말 심심한 근무지였답니다. 그곳의 믿음 좋은 군의관들과 간호사들은 목사가 왔으니 일주일에 한번씩 성경을 공부하자고 했습니다. 자신들도 무료한 시간들을 말씀 배우는 시간으로 채우고 싶다는 겁니다. 나 자신도 뭔가를 해야겠기에 그렇게 하겠다고 대답했습니다.

문제는 무슨 공부를 하느냐는 거였습니다. 사실 나는 목사가 되면 써먹기 위해 이렇다할 성경 공부 과정은 대부분 이수해 놓았었답니다. 소위 말하는 벧엘 공부, 크로스 웨이 공부, CCC 공부, 젠센 공부… 그런데 막상 사람들을 가르치려니 두려웠지요. 준비는 했지만 경험이 없었기 때문이었습니다. 과정을 이수하긴 했는데 내 속에 생명력이 있는 게 아니었거든요. 그야말로 목사라는 직업에 충실하려면 이 정도는 해 놔야겠다는 필요에 의해서 열심히 했을 뿐이었습니다. 하여간 그리 많은 교재가 있는데도 자신이 없었고 문제는 군의관들과 간호사들이 교재가 아닌 성경책으로만 공부를 하자는 거였습니다. 그것도 구약을 말입니다. 구약 중에서도 역사서를.

군병원에서의 성경 공부는 사무엘부터 시작되었습니다. 한나가 기도해서 사무엘을 낳은 이야기부터 시작했습니다. 저는 어려서부터 교회 속에서 자랐기 때문에 성경을 많이 알고 있다고 생각했었습니다. 대부분 교회학교 선생님들에게 들은 이야기였고 집에서 들은 이야기였던 거지요. 그런데 막상 사무엘상을 읽어 가는데 왜 그렇게도 모르는 부분들이 많던지… 대부분을 모르겠더라구요. 아주 적은 부분만을 알면서, 그것도 대충… 성경을 잘 안다는 착각 속에 있었던 나였음을 발견했습니다. 하여간 문제에 부딪친 겁니다. 그 머리 좋은 의사들과 간호사들에게 성경을 가르쳐야 하는데 내 자신이 아는 게 없는 겁니다. 너무 두려웠습니다. 가르치다가 개망신 당할까 봐.

설교도 어려웠지만 (계속 베껴야 했으니까요) 성경을 가르치는 건 더 두려웠답니다. 그래서 내 마음은 엄청난 죄책감과 목회에 대한 공포, 해야 하나 말아야 하나 하는 갈등들이… 쏟아져 내리기 시작한 겁니다. 그러다가 기도를 시작했습니다. 하나님께 물어보고 도움을 구하기로 작정한 겁니다. 남들은 주님의 음성을 듣고 목사가 되었다고 하는데 나에겐 그런 것도 없고 어떤 이는 특별한 사명이 있다고 하면서 용감히 사역을 하는데 나는 사명이란 게 뭔지도 모르고 있고 (물론 남에게 말할 때는 복음을 위한 불타는 사명이 있다고 했습니다만…) 그저 목사가 된 게 어려서부터 되고 싶어서 된 것이고 학교 다닐 때 갈등은 있었지만 군목이라는 편리함 때문에 갈등의 양심을 버리고 목사가 되었을 뿐이었습니다. 그런데 이젠 그게 아닌 겁니다.

성경을 모르고 목회를 한다면 그야말로 사기꾼이라는 생각이 든 겁니다. 평생 남의 설교나 베끼고 남이 만들어 놓은 책으로 성경 공부를 가르치면서 그걸 내 것인 양 큰 소리를 칠 생각을 하니 자신이 얼마나 한심스러웠던지요. 정말 한심한 존재였답니다.

"하나님… 성경이 송이 꿀보다 달다고 하셨죠? 나에겐 송이 꿀이 아니라 정말 재미없는 책입니다. 억지로 읽을 뿐입니다. 무슨 말인지 정말 모르겠습니다. 어떤 사람은 성경을 보면 하나님의 음성을 듣는다고 하는데 난 성경을 보면 졸음만 옵니다. 성경이 당신의 말씀이라고 하셨잖습니까? 나에게도 성경이 재미있음을 알려 주십시오. 그래야 설교를 하든 성경 공부를 하든 목회를 하든 할 게 아닙니까? 제가 2년 간 열심히 읽을 테니 알아서 하십시오." 그런 기도였답니다. 성경을 열심히 읽어도 여전히 무슨 말인지 모르겠고 재미가 없다면 군목을 제대한 후에 목회를 관둘 생각이었습니다.

특별하게 할 일 없는 군 병원의 목회 생활이었기에 성경 보는 일에 목숨을 걸기로 마음먹었습니다. 아침 출근 시간은 8시, 퇴근 시간은 5시, 적어도 하루 6~8시간씩 성경을 파기 시작했습니다. 많은 분량을 읽지 않았습니다. 이해가 되지 않는 부분은 그냥 넘기지 않고 판 겁니다. 이해되지 않으면 주석을 많이 참고했습니다.

정말 많은 도움이 되더군요. 신학교 다닐 땐 숙제하기 위해서만 보던 책들인데… 정말 열심히 성경을 읽었습니다. 지금까지 알고 있던 이야기들이라 하더라도 정말 그런가 하면서 진지하게 확인하면서 읽었답니다. 성경이 졸지에 여러 가지 색깔로 줄도 그어지고 네모도 만들어 지고 혹은 읽다가 깨달은 것을 잊지 않기 위해 옆에다 적어 놓다 보니 지저분해지고 있는 거였습니다. 그렇게 몇 달이 지나는 동안 성경이 재미있어지는 겁니다. 은혜가 되기 이전에 재미있었습니다. 성경을 정말 재미있게 읽고 재미있게 연구하기 시작한 겁니다.

그렇게 2년을 지내는 동안 성경은 어느새 나의 손에서 뗄 수 없는 책이 되고 말았답니다. 아니 내 몸의 한 부분이 되어 있었답니다. 그리고 그 말씀은 제게 생명이 되었던 겁니다. 성경이 하나님의 말씀임이 몸속에서 느껴지고 있었답니다. 언제부터인지는 모르겠습니다만 성경을 읽으면 "그렇습니다!"하는 소리를 연거퍼 내뿜었답니다. 성경을 읽다가 손바닥과 무릎을 치기도 하구요, 너무 기가 막힌 것(내가 모르던 것이겠죠…)을 발견하면 숨이 막혀 더 이상 읽을 수가 없어서 서성거리는 경우가 한두 번이 아니었답니다. 많이 울었습니다. 너무 좋아서 말입니다. 하나님의 은혜가 주렁주렁 발견될 때마다 감동 그 자체였습니다. 시편 기자가 그랬나요? 주의 말씀은 송이 꿀 보다 달다구요? 정말이었습니다.

읽고 깨달은 말씀을 그대로 전해보았습니다. 설교 때든 성경 공부할 때든… 다른 교재가 필요 없었답니다. 성경만을 읽는데도 나는 물론이고 모두들 좋아하는 겁니다. 그래서 신났지요. 성경을 읽어 가면서 그 주인공은 바로 "나"였답니다. 내가 하나님의 지음 받은 사람이고, 내가 타락한 사람이고, 내가 죄로 범벅된 사람이고, 내가 고멜이고, 내가 요나이고… 또한 내가 아브라함이고, 내가 모세이고, 내가 노아이고, 내가 다윗이더라는 거였죠. 내가 밧세바이고, 내가 아모스이고… 내가 느부갓네살이고, 내가 다니엘이고… 내가 베드로이고… 내가 주인공이었습니다. 내가 잘못된 주인공일 때 지켜보고 계시고 기다리시고 찾아와 주시는 주님을 만날 수 있었구요, 내가 잘하는 주인공일 때는 매우 기뻐하시고 좋아하시는 주님을 알 수 있었답니다. 주님의 진하게 흐르는 사랑과 은혜... 그게 성경이었답니다.

세상의 무수한 책들... 기독교 서적이라는 거 말입니다. 전에는 그걸 많이 읽으면 괜찮은 사람처럼 보였었습니다. 기독교 서적을 많이 인용하면 공부를 많이 한 목사처럼 보였었답니다. 서점에 최근 발표된 책이 어떤 것인지를 누구보다도 빨리 알아서 말하는 것이 앞서가는 사람인줄 알았답니다. 그래서 그걸 흉내내기 위해 얼마나 많은 거짓 행위를 했었는지요... 하지만 이젠 해방되었답니다. 많은 책을 읽는 것도 중요하지만 성경 속에서 풍요함을 누리지 못하면 그야말로 모래 위에 집을 짓는 장난에 불과하다는 것을... 성경 속에서의 행복을 모르고 수많은 책을 뒤지는 일만큼 자신을 피곤하게 하는 일이 없을 거라는 것을...

다른 책... 좀 몰라도 되더라구요. 그러나 성경 속에서 춤추지 않으면 말씀을 전하고 나서도 허탈하더라구요. 그런데 성경을 이야기하면 서투른 설교라도 하나님께 감사가 되더라는 겁니다. 기가 막히게 좋은 문구들을 찾는 일도 하지 않기로 했습니다. 알지도 못하는 사람의 이름을 들먹거리면서 마치 많이 공부한 사람처럼 보이는 위선은 떨지 않기로 했습니다. 깊은 생각을 남보다 많이 하는 것처럼 보이는 어려운 표현도 사용하지 않기로 했습니다. 그냥 성경 말씀을 이야기하기로 했습니다.

성경 속의 이야기만 하더라도, 아니 성경만을 이야기할 때 성령의 역사가 가장 확실하게 나타남을 알았기 때문입니다. 성경은 성령께서 쓰신 글이기 때문입니다. 하나님에게는 천년이 하루 같다고 하셨나요? 그래서 표현하고 싶은 말이 있습니다. 성경은 아직 잉크도 마르지 않은 하나님이 보낸 연애편지라고.

군대를 제대하자마자 미국으로 건너왔습니다. 아무런 이유도 없이 미국에 오게 된 겁니다. 몇 달만 미국을 구경하려는 생각이었습니다. 그런데 어쩌다가 십수 년이 지나고 말았습니다. 십수 년... 학교에서 공부하면서도 성경에 대한 재미 때문에 성경만 보게 되더라구요. 사역을 하면서도 성경만 보게 되더라는 겁니다. 그리고 읽은 성경... 늘 그랬던 것처럼 신앙의 형제들과 나누었답니다. 그런데 성경만을 이해하기 위해 주의 깊게 보는데 많은 은혜를 경험하는 게 아니겠어요!

벌써 성경을 통해 주님의 마음을 헤아린 지도 오래되었네요. 지금도 계속하고 있답니다. 물론 주님 부르실 때까지 이 은혜를 계속 유지하려고 합니다. 새벽 기도가 끝나면 잉크도 마르지 않은... 주님의 숨소리가 느껴지는 성경을 펴고 세 시간, 어느 경우는 네 시간, 옮겨 보고 또 옮겨 보다가 이렇게 책이 되었답니다.

그 제목... 이야기 성경? 성경 이야기? 아무래도 매끄럽지 않기에 남침례교신학교(The Southern Baptist Theological Seminary)에서 논문을 쓴 제목이 좋아 보여 그대로 하기로 했답니다. 비블리컬 스토리텔링(The Biblical Storytelling)이라고...

에필로그 _02

목사가 되면 책을 많이 읽고 책을 좋아해야만 하는 줄 알았습니다. 어려서부터 목사는 책을 가까이에 두어야 한다는 선입관을 가지고 있었기 때문에 나도 목사가 되면 그렇게 될 거라고 믿고 있었답니다. 목사님의 집이나 사무실에 가면 여러 권의 책과 책이 한가득 꽂힌 책장을 배경으로 한 목사님의 사진도 볼 수 있었습니다. 그래서 목사님들은 책을 많이 읽는 분들이라는 생각을 자연스럽게 했답니다. 앞으로 나도 목사가 되면 많은 시간을 책과 함께 할 거라고 생각했습니다. 목사님의 집에 진열된 책들은 아주 멋있어 보였습니다. 단행본도 많았지만 특별히 눈에 띄었던 것은 만만치 않은 두께로 같은 디자인에 제목이 다른 여러 질의 전집들이었습니다. 목회를 할 때 꼭 필요한 전집들이라고 생각했답니다. 그래서 나도 목사가 되면 목회에 절대적으로 필요한 전집을 책장 가득히 채우겠다고 생각했습니다.

괜찮은 목사가 되기 위해서 신학교 때부터 기독교 서점에 드나드는 것을 아주 중요한 일 중 하나로 여겼답니다. 나름대로 열심히 책을 사서 날랐습니다. 돈이 있어서 샀던 것도 꼭 읽으려고 샀던 것도 아닙니다. 혹

날 내 사무실과 서재에 꽂아둘 책을 준비하는 거였습니다. 책을 사면서 미래를 그려 보기도 했답니다. 사무실의 사방은 책으로 꽉 채워진 책장이 둘러져 있고 한 켠에 놓여진 나무 책상과 사장님이 앉는 편안한 의자에 앉아 있는 제 모습을 상상하면서 말입니다. (책이 없는 사무실과 목사는 상상해 본 적이 없는 것같습니다.) 어느 경우에는 읽지도 못하는 영어로 된 책도 샀습니다. 소위 원서라고 하는 것들입니다. 영어나 독일어로 된 책을 읽은 수준 높은 목사로 보이고 싶어서였습니다. 열심히 사서 모은 책들이 작은 제 방의 책장에 한 권 한 권 채워져 가는 걸 보면 뿌듯하고 자랑스럽기까지 했습니다. 그렇게 해보지 않은 사람은 그 맛을 모를 겁니다. 책이 늘어나는 만큼 내 지적 수준도 높아진다고 생각하여 그것을 증명이나 하려는 듯 책을 열심히 구입했던 겁니다. 책의 노예가 되어 부지런히 살았던 것 같습니다.

신학대학 다닐 때는 대부분의 친구들이 그랬던 것처럼 돈이 정말 없었던 때입니다. 그런데도 책을 사고자 하는 욕심은 왜 그리 많았는지 모릅니다. 교수님들이 가끔 강의하시다가 밥을 굶어가며 책을 사서 보았다는 얘기를 들으면 왠지 멋있어 보였습니다. 그래서 교수님을 흉내 내며 책을 사기 위해 끼니를 거른 적이 한두 번이 아니었답니다. 그 경험 덕분에 얼마 전까지만 해도 사람들과 이야기할 때 나도 젊었을 때는 책을 사기 위해 굶은 적이 있다고 말하면서 묘한 자부심을 느끼곤 했답니다.

제 사무실은 작습니다. 방이 작기에 몇 권 안 되는 책이지만 제 방은 책으로 꽉 채워져 있답니다. 다른 목사님들보다 상대적으로 적다는 걸 알지만 그래도 제 수준에는 처분하기 곤란할 정도로 많은 책이 꽂혀 있습니다. 그런데 지금은 책이 많아서 행복하기보다는 꽂혀진 책들이 날 비웃고 있다는 생각이 들 때가 있답니다. 여러 권이 꽂혀 있지만 읽은 것은 별로 없거든요. 다 폼으로 꽂혀 있는 것입니다. 그렇다고 완전히 폼만은 아닙니다. 읽긴 읽었습니다마는 어떤 건 서문, 어떤 건 제목, 어떤 건 대충대충 한 10분 안에 읽은 책도 있고, 전혀 읽지 않은 책들도 수두룩하답니다. 정말 신중하게 읽은 책은 거의 없답니다. 전집은 정말이지 폼, 그 자체뿐이었습니다. 그래서 책장에 꽂혀 있는 책들이 부담스럽기까지 했습니다.

가끔 제 방을 방문한 학생들, 청년들 혹은 성도들은 전에 내가 느꼈던 것처럼 '목사님이니까 당연히 책이 많구나' 라고 생각하는 눈치입니다. 그러면서 할 말이 없을 때 혹은 기분이 좋으라고 '목사님은 책이 많으십니다' 라고 말한답니다. 저는 책을 많이 읽은 목사로 인정한다는 말을 듣는 것 같답니다(착각이겠지만). 그런 말을 들을 때면 전에는 우쭐했는데 언제부터인가 부담스러웠습니다. 사실 읽은 책이 아니라 폼으로 꽂혀 있는 책이 대부분이기 때문입니다. 성도들이 생각하는 것처럼 책을 많이 읽은 목사가 결코 아니라는 생각에 괴로웠거든요. 어떤 성도는 존경하는 마음(?)으로 이렇게 말한답니다. "목사님, 책이 무척 많네요. 책이 이렇게 많은 것을 보니 목사님은 공부를 많이 하시는가 봐요. 목사님들은 책을 많이 읽으신다고 하더라구요." 거기까지만 하면 되는데 정말 대답하기 곤란한 질문을 한답니다. "목사님, 이 많은 책들을 다 읽으셨어요?" 미칠 것 같은 질문입니다. 뭐라고 대답해야 좋을지 모르기 때문입니다. 솔직하게 대답하자니 창피하고, 읽었다고 하자니 목사라는 놈이 별거 아닌 일로 거짓말한다는 양심의 가책 때문에 괴로운 겁니다. 또한 책을 많이 읽은 괜찮은 목사로 생각하고 있는 성도를 실망시키고 싶지 않다는 생각도 들기 때문입니다. 사실 그렇게 생각해 주기를 은근히 바라는 마음도 있구요, 그래서 엉거주춤 대답하곤 했답니다. 필요한 건 읽고 읽지 않은 책들도 있다고. 성도는 그렇게 말하는 목사를 겸손하다고 여겨 안 읽은 책도 있다는 말을 대부분은 읽었고 몇 권은 읽지 않았을 거라고 생각하고 점수를 후하게 주었겠지요. 그런 면으로는 성도들에게 무척이나 고맙답니다.

목사님들의 사례비 항목을 보면 반드시 도서비가 있습니다. 아주 중요한 항목입니다. 어느 교회나 꼭 있습니다. (제 개인적 경험으로는 이 도서비 항목이 없는 교회는 본 적이 없습니다.) 교회에서 그런 돈을 책정한 것은 책을 많이 읽고 목회와 설교를 잘 하라는 뜻인 줄 압니다. 교회도 목사는 책을 많이 읽어야 하고, 책을 많이 읽는 사람으로 인정해 주기 때문에 세운 항목이겠죠. 참으로 고마운 항목이랍니다. 저도 받고 있는데 이 항목의 돈이 얼마나 부담스러운지 모릅니다. 왜냐하면 교회에서 정해 놓은 도서비 만큼 책을 사 본 적이 한 번도 없기 때문입니다. 적어도 제게는 말입니다. (혹 이 고백을 읽으시면서 다른 목사님도 그렇다고 생각하시면 오해입니다. 이 글은 제 경우에만 해당하는 겁니다.) 양심에 거리낌이 있어서 교회에서 주는 도서비 항목의 액수만큼 책을 사려고 살만한 책들을 찾아본 적도 여러 번 있었습니다만, 저는 교회에서 주는 도서비 만큼의 책을 산 적이 없답니다. 아니 사고 싶지 않아서가 아니라 사고 싶은 책을 고를 수 없었기 때문이랍니다. 얼마나 많은 도서비를 주었기에 그러냐구요? 얼마 되지는 않는답니다. 서점에서 책을 사긴 합니다만 사실 오래 전부터 한 달에 두 권 정도 사는 게 저의 현실입니다. 서점은 몇 번씩 가지만 꼭 사고 싶은 책을 찾는 것도 어렵고, 게으른 건지 어렵게 골라 아까운 돈 주고 산 책이라 하더라도 제대로 읽는 것도 쉽지 않고...

어떤 목사님이 책을 읽지 않는 목사는 게으르고 목사 자격이 없다고 질책하는데 찔렸습니다. 제가 그런 사람이거든요. 목사는 적어도 하루에 한 권의 책은 읽어야 한답니다. 나는 일 년에 두 권 정독하는 것 같지도 않은데 말입니다. 그 목사님은 책을 많이 읽으시는 분이라고 소문이 난 분입니다. 책을 많이 읽는 목사님에게 어떻게 읽느냐고 물었더니 보통 책을 10분이면 한 권 읽는답니다. 난 미칠 것 같았습니다. 저는 일주일을 읽어도 뭔 뜻인지 몰라 속이 상한 적이 한두 번이 아닌데 책 한 권을 10분만에 읽는답니다. 하기야 저도 그렇게 10분에 한 권 읽을 때가 있긴 있었습니다. 혹시 써 먹을만한 게 걸리지 않을까 해서 위 아래로 훑어가며 넘긴 거지요. 그렇게 본 책들은 허다합니다. 아마 500권은 족히 될 겁니다. 그런데 정말 내 속에 양식이 될 만하게 읽은 책은 소수에 불과하답니다.

일주일 동안만 해도 엄청난 책들이 쏟아져 나옵니다. 기독교 서적만을 봐도 그렇습니다. 목사님들의 소원 가운데 책 한 권 내는 것이 포함되어 있잖아요. 그래서 책을 내는 분들이 무척이나 많답니다. 그런데 슬픈 것은 신간 서적 코너에 올라와 보지도 못하고 보이지 않는 구석에서 폐지로 버려지길 기다리는 책들이 무수하다는 거지요. 저도 책을 썼고 또 쓰고 있지만, 제 책 역시 신간 코너에 올라가 보지도 못하고 없어지는 것이 아닌지...(슬픕니다!) 그렇게 많은 책이 출판되고 있지만 막상 사려고 하면 꼭 읽고 싶은 것을 찾기가 쉽지 않다는 겁니다.

설교하거나 성경을 가르칠 때도 반드시 책을 인용해야 하는 줄 알았던 때가 있었습니다. 긴 설교 중에 한두 번은 어떤 나라, 어떤 사상가, 철학자 혹은 정치가나 성공한 사람의 이름과 그들이 쓴 책의 제목을 말하면서 이런 말을 했다고 해야 하는 줄 알았던 겁니다. (요즘 설교할 때 한두 번은 웃겨야 괜찮은 설교자라는 소리를 듣는 것처럼 말입니다.) 어느 경우는 읽지도 못하고 읽어 본 적도 없는 주간 시사지 타임(The Time)지나 뉴스위크(Newsweek) 혹은 리더스 다이제스트 등의 날짜까지 들먹이면서 설교해야 공부 좀 한 목사라고 느낄 때가 있었던 거지요. 지금 떠올려 보니 얼마나 부질없는 생각을 하면서 살았는지 모릅니다.

왜 그렇게 책에 대한 미련을 가지고 살았나 생각해 보았습니다. 정말 무엇 때문에 나는 많은 책을 소유하고 싶었고, 독서를 많이 하는 목사로 보이고 싶었는가 정직하게 생각해 보았답니다. 대답은 어렵지도 복잡하지도 않고 아주 단순했습니다. 열등감 때문이었지요. 제 가장 밑바닥은 열등감으로 가득한 겁니다. 그래서 쌓여 있는 책들로 하여금 저를 사람들에게 공부하는 목사, 실력 있는 목사로 세뇌 시키면서 은연 중에 무시하지 말라는 메시지를 전한 겁니다. 내 속에 있는 열등감이 나를 속이면서 책과의 관계를 이상하게 만들었답니다.

또 하나는 (하나님께 무척이나 죄송합니다만) 내 속 깊은 곳에서 성경을 우습게 여기고 있었다는 고백입니다. 성경이 하나님의 말씀이라고 말하면서도 정작 설교하는 나는 성경을 우습게 여겼던 거지요. 성경 가운데 구원의 도리, 삶의 지혜와 지침이 완벽하게 있다고 외치면서도, 성경은 성령의 감동으로 쓰여진 책이기에 심장과 폐부를 찔러 쪼개는 능력이 있다고 말하면서도 나는 성경보다 더 영향력 있을 것 같은 유명한 사람이 쓴 책을 뒤지고 있었던 겁니다. 성경을 역사와 인생에 있어서 가장 훌륭한 책, 능력 있는 책이라고 하면서도 내 속 사람은 믿지 않았던 겁니다. 그래서 유명한 사람을 찾았고 그 유명한 사람의 책을 뒤졌고 알지도 못하는 사람의 멋진 글을 강단에서 인용하는 걸 자랑스럽게 생각했던 겁니다.

성경이 답이라고 말은 했지만 정작 나는 삶의 답을 엉뚱한 책에서 찾고 있었던 겁니다. 내가 하는 일 목회에 관한 것도 유명한(?) 사람이 쓴 책에 있는 줄 알고 책을 의지했던 거지요. 한 마디로 성경을 무시했던 겁니다.

책으로부터 많은 걸 배우기 때문에 독서는 귀한 일입니다. 그러나 책이 전부가 아닙니다. 책은 진리도 아닙니다. 책과의 관계 속에서 초라한 나의 모습을 본 후에 책을 많이 읽은 목사가 괜찮은 목사라는 이상한 관계(?)가 이제 깨졌답니다. 다독(多讀)이 바람직하지만 필수는 아니라는 걸 배웠답니다. 또한 그것으로 목사의 수준이 평가될 거라는 생각은 정말 크게 잘못된 것임을 깨달았습니다. 목사는 반드시 책과 가까운 사람이라는 인식을 지워버리려고 합니다. 난 정말 책을 읽지 않는 사람이거든요. 아니 읽어도 저자가 하는 말을 잘 모를 때가 많습니다. 다시 말하면 책을 읽지 않는 게 아니라 읽을 줄 모르는 사람이라는 걸 발견한 겁니다.

저는 파스칼을 모릅니다. 그가 쓴 「팡세」(번역본)라는 너무 두꺼워서 읽기도 전에 질려 서문을 읽다가 무슨 말인지 몰라 내팽개쳤답니다. 톨스토이의 작품은 기독교를 이해하는 데 절대적으로 필요한 문학이고 철학이라고 하더라구요. 그래서 유명하다는 그의 「부활」이라는 작품을 읽기 시작했는데 도무지 무슨 말인지 이해하지 못해 읽기를 중단했답니다. 하이데거라는 철학자, 키엘케고르, 헤겔, 니이체 등. '니이체' 라는 말이 나왔으니 웃긴 일이 생각납니다. 니이체는 「짜라투스트라는 이렇게 말했다」라고 하는 책에서 "신은 죽었다" 고 했답니다. 설교 시간에 목사님들의 설교를 통해서 종종 들은 글귀였습니다. 그래서 저도 가끔 (오래 전입니다만) 그 말을 인용하면서 유신론을 무너뜨리려는 사람들을 공격했고 또 그런 말을 한 니이체를 무척이나 나쁜 사람으로 말하곤 했었답니다. 물론 그 책을 다 읽은 수준 높은 사람처럼 말입니다. 사실은 그 책이 어떻게 생겼나 해서 서점에 들러 구경한 적 밖에는 없습니다. 정말 두껍더라구요. 그 책을 본 순간 이런 두꺼운 책을 읽은 사람이 몇이나 될까 생각했답니다. 하여간 니이체가 신이 죽었다고 하는 말을 왜 했을까 해서 물어보기도 하고 책을 뒤져 보았지만 아는 사람도 없고 책 속에서도 찾지 못했답니다. 결국은 한참 후에 누군가가 알려 주더군요. 책 속에 짜라투스트라가 누군가와 이야기하다가 신경질이 난 김에 그런 말을 내뱉은 거였다고... 그러나 전해준 사람의 말이 사실인지도 아직 확인되지 않았답니다.

리더십, 성공의 비결, 인생에 관한 것, 시집(詩集), 부부관계, 경영학, 건강에 관한 것, 소설, 철학 이야기... 별별 주제의 많은 책이 시중에 나와 있답니다. 다양하게 많이 읽어야겠다는 생각을 포기하니 마음이 왜 이리 편한지 모르겠습니다. 책 많이 읽지 않으렵니다. 물 흐르는 대로 읽게 되면 읽겠습니다만, 안 읽으면 뒤쳐진다는 말로 사람을 주눅들게 하는 말에는 신경을 곤두세우지 않기로 했습니다. 많이 읽어도 기억에 남는 게 없구요, 사실 무슨 말인지도 모른답니다. 아는 척하고 싶은 교만한 마음만 꿈틀거린답니다. 남들은 인생에 도움이 된다고 하는데 제겐 그런 것 같지도 않구요...

성경도 제대로 모르면서 책을 동서남북으로 둘러 채워둔다는 게 우습잖아요. 성경도 제대로 알지도 못하면서 이해하지도 못하는 글귀와 사람이름을 대면서 지식인인 체 하는 게 우습잖아요. 그래서 성경이라도 제대로 보기로 결심한 겁니다. 목사가 성경을 모르니 일반 성도들은 더 모를 수 있다는 생각이 들었습니다. 그래서 한 평생 성경을 깊게 공부해 보기로 했답니다. 읽다가 정 모르겠으면 주석을 뒤져서라도 이해하려고 했습니다. 주석은 성경을 이해하는 데 큰 도움이 되었습니다. 그 과정 속에서 마침내 지식인이라는 허울 좋은 취급만을 받기 위해서가 아니라 성경의 이해를 돕기 위해 책을 보아야 목사로서 사는 인생이 행복하다는 것을 터득하게 되었습니다.

성경을 알기 위해 마음먹고 공부하니 자유로워지더라는 겁니다. 설교할 때도 성경을 이야기하니 마음이 편해지구요. 내 말은 물론 어떤 훌륭한 사람의 말도 아닌 하나님의 말씀을 전하니 위험하지도 않고 미안하지도 않은 겁니다. 누가 무식하다고 말할지는 모르겠지만 그게 속 편하고 자신감도 생겼습니다. 사실 교회 오는 사람들이 얼마나 다양한지 모릅니다. 자기 분야에서는 그런대로 지식이 있고 까딱 잘못 말했다간 어느 누구에게 무식하다는 말을 들을지도 모르잖아요. 그러나 대부분 사람들은 성경을 잘 모른답니다. 혹 알고 있더라도 자신보다는 목사님이 더 잘 알 거라고 생각하지요. 그래서 교회에서 목사로부터 성경 이야기를 듣는 것을 당연하게 생각하기에 성경을 말할 때는 누구도 시비를 걸지 못하지요.

성경을 말하는 사람으로 살고 싶습니다. 제 직업이 목사인데 목사는 성경을 말하는 사람이기 때문입니다. 다른 거 모른다고 주께서 뭐라고 안 하실 겁니다. 그런데 성경을 모르면서 목회 한다면 목사로 부르신 주님이 얼마나 한심하게 생각하실까 하는 생각이 드네요. 아니 성도들도 성경을 모르는 목사라는 걸 안다면 얼마나 비웃을까 하는 생각이 듭니다. 성경을 모르면 주님에게도 성도에게도 찬 밥 신세라는 걸 깨달았답니다.

성경만을 살아계신 하나님의 말씀으로 증거하려고 열심을 냅니다만 왜 그리 성경을 모르고 있는지요. 성경이 왜 그리 어려운지 모르겠습니다. 정말 어려운 수학 문제보다 더 어려운 게 성경이라는 걸 알아갈 뿐입니다. 그런 수준으로 목회를 하는 제 모습이 한심하고 답답할 뿐입니다. 성경 공부 열심히 하겠다고 다짐하고 노력하며 지낸 햇수도 제법 오래 된 것 같은데 책상에 앉으면 지금 막 시작한 사람처럼 모르고 있는 것이 너무 많다는 느낌뿐이니 미칠 것 같습니다. 주님이 부르실 그 날이 성큼성큼 다가오고 있는데 성경을 이렇게도 모르고 주님께 갈 거라고 생각하니 숨이 막히는 것 같습니다.

성경 안에 모든 진리가 있다고 말하는 목사가 아니라 성경 안에 진리가 있음을 인정하는 목사이고 싶습니다. 성경 안에 진리가 있음을 알고 믿고 실천하는 목사이고 싶습니다. 목회자 사이에서도 많은 책을 가지고 있다든지 책을 많이 읽은 목사가 괜찮은 목사라고 인정을 받는 것보다는, 성경을 구석구석 잘 알고 성경을 정말 사랑하며 성경의 의미를 잘 전달하는 목사가 진정 괜찮은 목사라는 평가를 받으면 좋겠습니다. 법관이 육법(六法)전서를 구석구석 잘 알고 있는 것처럼, 자동차 정비공이 자동차에 대해선 빠삭하게 잘 알고 있는 것처럼, 군인이 군사지식에는 정통한 것처럼... 목사님들은 성경 66권 어디라도 구석구석 잘 알고 있는 분들이면 정말 좋겠습니다.

오늘도 그것 때문에 몸부림쳐 봅니다. 하나님이 도와주시길 바라면서 말입니다.

1

라은성교수의
교회사맥(脈)잡기

정통과 이단

上

라은성 저

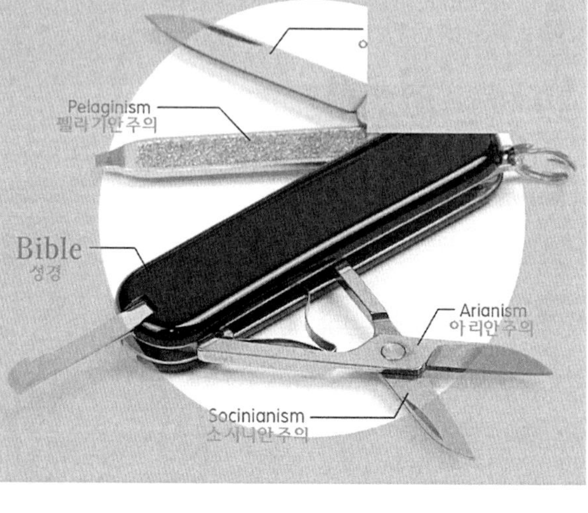

라은성 교수의 교회사 맥(脈)잡기 1 – 시리즈

'북방선교방송'(http://twrk.or.kr)에서 방송한 CD와 함께 출판한 「라은성 교수의 교회사 맥(脈)잡기」 시리즈 첫 번째 책인 「정통과 이단」은 한국교회에 가장 절실하게 요구되는 책입니다. 이 책은 2천년 동안의 교회사를 살펴보면서 이단들이 어떻게 일어났으며, 이에 대해 정통신앙은 어떻게 대응했는지를 살피는 역사책입니다. 방대한 사건들로 흥미롭게 꾸며진 이 책에는 몇 가지 다음과 같은 특징을 지니고 있습니다.

- 누구든지 쉽게 이해할 수 있는 구어체로. 되어 있습니다.
- 역사적이고 교리적 배경을 통해 이단들에 대해 배울 수 있습니다.
- 사진들과 함께 구성되어 있습니다.
- 역사적 통찰력 및 기독교 역사의식을 가질 수 있습니다.
- CD를 통해 라은성 교수의 육성 강의도 함께 즐길 수 있습니다.
- 교회에서 교회사 공부 교재로 사용할 수 있습니다.
- 한국교회가 직면한 여러 문제들에 대한 대안을 찾을 수 있습니다.
- 최초로 교회사를 공부할 수 있는 '문제집'이 있습니다.

"교회사란 이런 것이구나!" 하고 감탄할 수 있는 작품입니다.

그리심 신학서적 저(역)서 안내

- **주의 날 어떻게 이해할 것인가**
  Paul R. House · 장세훈 공저 / 반양장 / 184면
- **본문의 의미를 찾아서(21세기 구약신학과 해석)**
  장세훈 저 / 반양장 / 272면
- **계시록의 구속사적 연구**
  J.B. Jordan /이동수 역 / 반양장 / 396면
- **구약 속의 그리스도**
  E. 뷜 /권호덕 역 / 반양장 / 371면
- **하나님과 인간, 그리고 시간 (역사)**
  어얼 E. 케이른스 / 박영실 역 / 반양장 / 258면
- **하나님 나라와 윤리 (주제별 논문)**
  김경진 / 반양장 / 303면
- **누가신학 연구**
  R. 화이트 / 김경진 역 / 반양장 / 197면
- **배경으로 본 히브리서 강해**
  정우홍 / 양장 / 406면
- **베드로전서의 메시지(주해)**
  오광만 / 반양장 / 283 면
- **산상설교(기록 이유와 목적)**
  정훈택 / 반양장 / 176면
- **성경무오 역사적 증명**
  정규철 / 반양장 / 335면
- **성경에 나타난 제사법 연구**
  로저드 백위드 / 반양장 / 261면
- **신명기 1(1-8장) (주해)**
  김영욱 / 양장 / 468 면
- **신학의 종을 어떻게 울릴 것인가 (논문)**
  허 주 / 양장 / 388면